Dr. med. Götz Blome

Ein guter Start ins Leben

Dr. med. Götz Blome

Ein guter Start ins Leben

Kinder verstehen und begleiten

Herstellung und Verlag:
BoD - Books on Demand, Norderstedt
ISBN 978-3-7431-8978-2

Inhalt

Die Situation des Kindes

Das Kind
Die Startbedingungen 8
    Der erste Eindruck 8
    Erwachsene 10

Der gute Umgang mit Kindern 12
    Liebe 13
    Achtung 13
    Verantwortung 18

Die Beziehungen des Kindes 21
    Die Beziehungen zu Mutter und Vater 23
    Wenn Mutter oder Vater fehlen oder sich entziehen 26
    Die Sexualität in den Eltern-Kind-Beziehungen 28
    Unterschiede in den Beziehungen zu Vater u. Mutter 31
    Die Beziehungen zu den Geschwistern 32
    Die Beziehungen zu den Großeltern 34
    Die Beziehungen zu anderen Kindern 35
    Die Beziehungen zu Erzieher(innen) u. Lehrer(innen) 36
    Die Beziehung zum anderen Geschlecht 37

Die Entwicklung des Kindes 41
    Der Säugling 41
    Das Kleinkind 41
    Sensible Phasen 43
    Das Kindergarten- und Schulkind 45
    Pubertät 47

Die Familie
Die ideale Familie 49
Familienprobleme 51
    Der Überlebenskampf 52
    Das „Revier".. 53
    Familiäre Eifersüchte 60
    Generationskonflikte 62

Die Eltern
Elternliebe 64
Elterliche Partnerliebe 65
Die Aufgaben der Eltern 67
    Geben 67
    Beschützen 70
    Führen 73
    Erziehen 78
    Die Strafe 84

Krankheit
Grundsätzliche Überlegungen 89
    Wie kann man Gesundheit verstehen? 89
    Wie kann man Krankheit verstehen? 90
    Wie kann man Heilung verstehen? 96
    Krankheit und Schicksal 99
Krankheitsursachen 101
    Häufige körperlich wirksame Krankheitsursachen 101
    Häufige psychisch wirksame Krankheitsursachen 109
Verhalten bei Krankheit 121
    Organisation 121
    Wenn Ihr Kind krank wird 122
    Arztpflicht 123
    Klinikbehandlung 125
    Eine Diagnose stellen 125

Diagnose anhand allgemeiner Krankheitszeichen

Ausschlag 127
Bewusstseinsstörung, Bewusstlosigkeit 128
Durchfall 128
Erbrechen 129
Fieber 130
Husten 131
Krampfanfälle 132
Schmerzen im Bereich von Kopf und Gesicht 133
Schmerzen im Bereich von Mund und Hals 134
Schmerzen im Bereich des Brustkorbs 134
Schmerzen im Bereich des Bauchs 135
Schmerzen im Bereich des Rückens 136
Schmerzen im Bereich der Haut 137
Schwindel, Benommenheit 137
Schwitzen 137

DAS KIND

Die Startbedingungen

Entwicklung und Werdegang eines Kindes werden von verschiedenen Faktoren bestimmt, die schicksalhaft sind, weil es sie weder bewusst gewählt hat noch aus eigenem Willen beeinflussen kann. Es sind die *Erbanlagen,* das *soziale Milieu* sowie die materiellen *Lebensbedingungen.* Je günstiger diese ausfallen — das heißt: je besser die äußeren Bedingungen, je liebevoller die Menschen und je harmonischer die Veranlagung des Kindes —, desto besser wird es gedeihen, und es ist die Aufgabe seiner Eltern und Erzieher/innen, ihm dazu so weit wie möglich zu verhelfen.

Während sich die materiellen Bedürfnisse, wie zum Beispiel nach Nahrung und Wohnung, in unserer wohlhabenden Gesellschaft meist ausreichend befriedigen lassen, ist es viel schwieriger, eine ungünstige familiäre Situation zu verbessern, weil hier viele schwer beherrschbare Emotionen ins Spiel kommen. Liebe, Toleranz, Lebensweisheit und psychologisches Verständnis sind erforderlich, will man familiäre Konflikte vermeiden oder lösen. Am schwierigsten aber ist es, den Charakter des Kindes grundlegend zu beeinflussen. Mit Liebe und Einfühlungsvermögen kann man aber — in gewissen Grenzen — die positiven Eigenschaften des Kindes gezielt fördern, so dass die problematischen nicht so sehr ins Gewicht fallen.

Der erste Eindruck

Zunächst ist es wichtig sich klarzumachen, dass die wesentlichen Grundlagen für das spätere Leben in der frühen Kindheit geschaffen werden. Die Psyche des kleinen Kindes ist zwar nicht leer, weil es ja schon im Mutterleib Erfahrungen gemacht hat, doch gleicht sie in Bezug auf alles, was sie noch nicht kennt, einem unbeschriebenen Blatt Papier. Jedes Schriftzeichen, das man darauf setzt, bleibt für immer darauf stehen und hat seine besondere Aussage. Das heißt: Alles, was ein Kind *zum ersten Mal* erlebt, hinterlässt in seinem Denken und Fühlen einen unvergänglichen, primären Eindruck und bekommt eine für sein weiteres Leben *grundsätzliche* Bedeutung — im Positiven wie im negativen Sinn. Deshalb ist es so wichtig, gerade mit kleinen Kinder behutsam und bewusst umzugehen und Verletzungen zu vermeiden.

Sie kennen doch diese Situation: Sie kommen irgendwo an einen neuen Ort, vielleicht in eine Wohnung oder an einen Arbeitsplatz, an dem Sie in Zukunft bleiben müssen. Wie verhalten Sie sich instinktiv? Sie achten auf den ersten Eindruck, den Sie davon haben, denn dieser beeinflusst ganz entscheidend Ihre künftige Einstellung dazu, er sagt Ihnen, ob Sie sich wohl fühlen werden oder sich mit Widrigkeiten herumschlagen müssen. Sie bekommen entweder ein gutes Gefühl oder sind frustriert und enttäuscht, vielleicht sogar verunsichert und verängstigt. Ähnlich geht es einem Kind, das auf die Welt kommt; es wird in eine bestimmte Familie, in ein bestimmtes Milieu, in ein bestimmtes geistiges Umfeld geboren und darin muss es nun leben und sich entwickeln. Sein erster Eindruck entsteht allerdings nicht in einer Minute, sondern in den ersten Lebensjahren, und je besser er ist, desto wohler wird es sich im Leben fühlen.

Freude und Liebe sind die wichtigsten seelischen Bedürfnisse jedes Menschen, und ein Kind, das nicht genug davon bekommt, kann sich weder gesund entwickeln noch innerlich stark, optimistisch und lebensfähig werden. Sie haben — wie alle Gefühle — ihren Ursprung in unserem Inneren. Unser „Herz" ist es, in dem die Liebe zur gefühlten Realität wird, und unser „inneres Auge", in dem das Bild des Schönen entsteht. Je mehr Liebe und Freude das Kind erfährt, desto besser können sich seine „Liebes- und Freude-Organe" entwickeln und desto mehr Vertrauen bekommt es in die Menschen und das Leben. Eltern, Bezugspersonen und Erzieher sollten immer versuchen, dem kleinen Kind die Welt von ihrer erfreulichen Seite nahe zu bringen und, falls bestimmte Lebensumstände einmal sehr negativ sind, zu zeigen, dass es daneben zumindest auch immer etwas Positives gibt.

Ein Mensch, der in der Kindheit genügend Zuwendung und Liebe bekommen hat, wird auch in seinem weiteren Leben die Liebe als selbstverständlich betrachten und erwarten. Die „heile Welt", die er in jener Zeit erlebt hat, als sein Bewusstsein sich zu entwickeln begann, wird zum grundsätzlichen Element seines Weltbildes, und die Erinnerung daran wird ihm wie ein leuchtender Stern zum Führer durchs Leben. Selbst wenn es einmal nicht so erfreulich zugeht, wird ihm die aus eigener Erfahrung entstandene Gewissheit, *dass es die Liebe gibt,* innere Wärme geben und ihn stets danach suchen lassen.

Viele Menschen hatten leider nicht dieses Glück, und es ließen sich viele Beispiel dafür anführen, wie mit frühkindlichen Negativerlebnissen unerfreuliche oder traurige Lebenswege begannen. Ein Kind, das schon in den ersten Tagen, Wochen oder Monaten seines Lebens dringende Wünsche oder Bedürfnisse nicht erfüllt bekam, wird meist lebenslang von dem frustrierenden Gefühl, zu kurz zu kommen, verfolgt und in dieser Hinsicht unersättlich sein. Viele Unfähigkeiten, Ängste und Neurosen erwachsener Menschen gehen auf einen entsprechenden schweren Mangel oder verständnislose Unterdrückung in der Kindheit zurück.

Erwachsene

Ein häufiger Grund dafür ist die Vorstellung der „Erwachsenen", erwachsen zu sein, denn sie errichtet eine Barriere zwischen ihnen und den Kindern und macht es ihnen schwer, diese wirklich ernst zu nehmen. Aus der Höhe des Erwachsenen-

Status sieht man auf die Kinder herab, als hätten sie noch keinen Anspruch auf respektvolle Behandlung und als merkten sie nicht, was man mit ihnen anstellt. Da sie sich kaum wehren können, ignoriert man allzu oft ihre Wünsche und Proteste, missachtet ihre Rechte, zieht („erzieht") an ihnen herum, gibt ihnen Befehle oder bestraft sie, wenn sie nicht gehorchen.

Es würde sich lohnen, einmal näher über den so genannten Erwachsenen nachzudenken. Denn eigentlich gibt es ihn gar nicht. Erwachsen zu sein würde ja bedeuten, dass das Wachstum *abgeschlossen* ist, dass man *alles,* was im Leben wichtig ist, weiß und kann. Haben wir wirklich diesen Meisterbrief? Zugegeben: Wir sind körperlich ausgewachsen, stärker und weniger empfindlich als die kleinen Kinder, wir haben mehr Erfahrung, und unser Bewusstsein ist weiter entwickelt. Aber wo ist wirklich jener entscheidende Unterschied, auf Grund dessen wir meinen, die Kleineren und Jüngeren so behandeln zu dürfen, als seien sie noch gar keine richtigen Menschen? Lernen wir „älteren Kinder", die wir vielleicht schon 30, 50 oder 70 Jahre auf dem Buckel haben, nicht auch jeden Tag etwas dazu, freuen und fürchten wir uns nicht genauso wie die jüngeren mit ihren 2, 5 oder 10 Jahren? Brauchen und suchen wir nicht wie sie Schutz und Trost, sind wir nicht ebenso verletzt, wenn wir schlecht behandelt, gedemütigt oder gequält werden, und tragen wir nicht noch heute Probleme in uns, die aus unseren ersten Kindesjahren stammen?

Wenn wir ein Kind als ein Wesen sehen können, das zwar noch etwas jünger, unerfahrener und schwächer ist, das aber die gleichen Bedürfnisse und Lebensrechte hat wie wir, das genauso wie wir fühlt und das uns mit seinem offenen, liebesbereiten und verletzlichen Herzen Vertrauen schenkt, dann werden wir gut mit ihm umgehen. Und wir werden erkennen, wie viel wir von ihm lernen können, weil in ihm noch der ursprüngliche, unverdorbene Mensch lebt.

Der gute Umgang mit Kindern

Ein gesundes Kind, das gut behandelt wird, ist fröhlich, vertrauensvoll, interessiert und aktiv — kurz gesagt: Es hat Freude am Leben. Dabei wächst es mit einer positiven Haltung in die Welt hinein, entwickelt seine Anlagen, verwirklicht seine Begabungen und wird fähig, seinen eigenen Lebensweg zu gehen. Um es darin in jeder Hinsicht zu unterstützen, bringen ihm die Eltern *Liebe, Achtung und Verantwortung* entgegen. Die Liebe ist die Grundlage der Eltern-Kind-Beziehung, ohne sie hätte das Kind keine Überlebenschance. Die Achtung verhilft ihm zu einer positiven Haltung gegenüber sich selbst und seinen Mitmenschen. Die Verantwortung veranlasst die Eltern zu einem überlegten, auf das Wohl ihres Kindes ausgerichteten Verhalten und Handeln. Dabei berücksichtigen sie seine körperlichen und geistig-seelischen Bedürfnisse sowie seine animalischen Instinkte.

Dies wären jedenfalls die idealen — und eigentlich ganz natürlichen — Voraussetzungen für das Wohlergehen des Kindes. Dass es in der „und-idealen" Realität oft anders aussieht, wissen wir alle — Überforderung, Unwissen, Irrtümer und eigene psychische Probleme machen es vielen Eltern unmöglich, ihrem Kind in optimaler Weise entgegenzukommen, und wenn sie bestimmte Aussagen in diesem Buch, in denen Idealzustände oder -lösungen gezeigt werden, zu wörtlich und persönlich nehmen, werden sie vielleicht entmutigt stöhnen: „Das schaffe ich doch nie!", oder deprimiert feststellen: „Offensichtlich habe ich alles falsch gemacht! Mein armes Kind!" Das wäre weder richtig noch beabsichtigt. Nein, sie haben keineswegs alles falsch, sondern es höchstens nicht ideal gemacht, und das ist kein Grund für Schuld- oder Versagensgefühle, weil sie —wie wir alle — so gut gehandelt haben, wie sie es konnten und wussten. Zum Glück aber werden wir jeden Tag etwas klüger und können daher auch täglich irgendetwas besser machen.

Liebe

Die Liebe ist das Wichtigste in unserem Leben und die Grundlage von Freude und Gesundheit. Sie hat viele Gesichter und Erscheinungsformen: zum Beispiel die körperliche und die seelische Liebe, die Mutter-, die Vater- und die Kindesliebe, die egoistisch-nehmende und die altruistisch-gebende Liebe. Daher ist es manchmal gut, sich darüber klar zu werden, in welcher Weise man gerade liebt, vor allem, wenn man — wie es den Eltern immer wieder einmal passiert — das Gefühl hat, immer nur zu geben und selbst zu kurz zu kommen.

Wenn wir Liebe als eine Art beglückender Lebensenergie sehen, die zwischen zwei Lebewesen fließt, können wir an der Strömungsrichtung zwei Formen unterscheiden: einerseits jene Liebe, bei der die Energie von unserem „Liebesobjekt" auf uns zu fließt, bei der wir sie also entgegennehmen, und andererseits jene, bei der sie von uns weg auf das „Liebesobjekt" zu fließt, bei der wir sie demnach abgeben. Die erste hat einen selbstbezogenen oder egoistischen Charakter, die andere einen selbstlosen oder altruistischen. Normalerweise fließen *beide* Energieströme, das heißt: Wir *nehmen* egoistische und *geben* gleichzeitig altruistische Liebe. Beide fließen allerdings je nach unserer Veranlagung und Situation in unterschiedlichem Umfang: Zum einen besteht in uns selbst veranlagungsmäßig ein bestimmtes Verhältnis zwischen egoistischen und altruistischen Tendenzen, zum anderen sind wir entsprechend unseren jeweiligen Lebensumständen einmal mehr darauf eingestellt, Liebe zu *geben,* und ein andermal mehr darauf, Liebe zu *fordern* und zu empfangen.

In der Erwachsenen-Kind-Beziehung fließt die Liebesenergie vor allem von den Eltern zu den Kindern. Die Eltern gehen instinktiv in die gebende Rolle, und das Kind nimmt die Liebe seiner Bezugspersonen „mit vollen Händen" entgegen, die umso reichlicher fließen muss, je kleiner und abhängiger es ist. Die Eltern bemühen sich, immer für das Kind da zu sein, geben ihm alles, was es braucht, trösten es, stellen sich ihm zur Verfügung oder opfern sich auf. Dennoch gehen sie nicht leer aus, denn das Kind gibt ihnen Freude zurück, indem es sie anlächelt und ihnen zeigt, dass es sich wohl fühlt. Später, wenn das Kind größer und selbständiger wird, beginnt es ebenfalls aktiv Liebe zu geben, so dass zwischen Eltern und Kindern ein ständiger Austausch an Liebe, guten Gefühlen und Freude stattfindet. Eines Tages schließt sich dann der Kreis: Die Eltern werden schwach und gebrechlich und brauchen mehr die selbstlose Liebe der Kinder, die ihnen jetzt zurückgeben, was sie einst bekamen.

Achtung

Im weitesten Sinne beruht alles, was im Umgang mit Kindern richtig und wichtig ist, auf der Liebe, und so ist eigentlich auch die Achtung, die die Eltern ihnen entgegenbringen, nur ein besonderer Ausdruck von Liebe. Achtung gegenüber dem Kinde bedeutet, auf seine *Äußerungen* und Mitteilungen zu achten, seine *Rechte* zu beachten und es in seiner persönlichen menschlichen *Würde* zu achten. Kinder spüren sehr genau, ob man sie beachtet und achtet, und solange ihnen die Eltern mit Aufmerksamkeit, Fairness und Respekt entgegenkommen, werden sie diese ihrerseits achten und respektieren und ihnen vor allem vertrauen. Dieses Vertrauen ist eminent wichtig, weil es die Voraussetzung dafür bildet, dass die Eltern ihr Kind positiv beeinflussen können. Wenn es seine Eltern nicht mehr für vertrauens- und achtenswürdig hält, nimmt es ihre Ratschläge nicht ernst und opponiert vielleicht sogar dagegen.

Ein Kind kann — jedenfalls, solange es sehr klein ist — seine Wünsche und Probleme nicht mit wohl überlegten Worten bekannt geben. Dennoch hat es viele Möglichkeiten, sich verständlich zu machen. Die Körpersprache ist in Bezug auf seine grundlegenden Bedürfnisse klar und ausreichend, vorausgesetzt, man achtet auf sie und versteht sie. Beim kleinen Kind sieht man am Gesichtsausdruck, wenn es zufrieden ist, man hört an den vergnügten Lauten, die es von sich gibt, oder an seinem Lachen, dass es sich wohl fühlt, und man erkennt aus seiner ganzen Entwicklung, ob es ihm gut geht. Dagegen fällt ein psychisch belastetes oder unglückliches Kind durch unausgeglichene oder gehemmte Bewegungen, einen missmutigen oder traurigen Ausdruck, unharmonisches Verhalten, Schlafstörungen, häufiges Kränkeln oder Entwicklungsstörungen auf. Eltern, die gut auf ihr Kind achten, bemerken solche Störungen schnell und können gleich zu Beginn etwas dagegen unternehmen, indem sie bestimmte Lebensumstände oder ihr eigenes Verhalten ändern und eventuell eine Therapie einleiten.

Beim kleinen Kind weisen Unruhe oder unzufriedene Laute darauf hin, dass es etwas Wichtiges braucht; Wimmern und Weinen zeigen einen quälenden Mangel oder Schmerz an und lautes Schreien kann ein Ausdruck von Not und Verzweiflung, aber auch von empörtem Protest sein. Dass man darüber nicht hinweggeht, ist eigentlich selbstverständlich. Dennoch hört man nicht selten Aussprüche wie diese: „Schreien ist gut für die Lungen!" oder „Das Kind darf nicht immer seinen Willen haben!" Man braucht sich nur einmal vorzustellen, man selbst läge hilflos da und würde trotz lauten Schreiens nicht beachtet, um zu verstehen, dass sich das Kind dadurch misshandelt fühlt. Es hat ja einen guten Grund für sein Verhalten und kann sich nur in dieser Weise äußern. Dabei ist die Lautstärke übrigens kein allgemein gültiger Maßstab für die Dringlichkeit des Wunsches, denn manche Kinder sind von Natur aus leiser und diskreter und bei ihnen kann das leise Weinen die gleiche Bedeutung haben wie bei einem anderen Kind das laute schreien. Normalerweise kennen Eltern ihr Kind gut genug, um seine persönliche „Sprache" deuten zu können.

Wenn das Kind älter wird, kann es seine Wünsche und Meinungen sprachlich mitteilen (auch wenn die Körpersprache weiterhin eine wichtige Kommunikationsmöglichkeit bleibt). Es erwartet, dass man ihm zuhört und seine Mitteilungen ernst nimmt. Darauf mit „Dummes Zeug!" zu antworten, würde eine Missachtung, Beleidigung und eventuell eine seelische Verletzung bedeuten. Tatsächlich passiert es immer wieder, dass ein

Kind, das häufig abwertende Reaktionen erlebt, einen Minderwertigkeitskomplex bekommt und sich nicht mehr traut, seine Meinung zu sagen.

Zur Achtung gehört auch, dass man das Kind davon unterrichtet, wenn man etwas mit ihm vorhat, und ihm den Grund dafür klarmacht; es sollte auch seine Meinung dazu äußern dürfen, damit es sich nicht unterdrückt oder missachtet fühlt und damit man sich vergewissern kann, ob man richtig handelt. Das bedeutet zugleich, dass man seine eventuellen Proteste und Einwände ernst nimmt. Wenn das Kind auch noch nicht so bewusst ist wie der Erwachsene, so hat es doch ein sehr feines Gefühl dafür, ob man seine Persönlichkeitsrechte respektiert und ihm einen Platz in der Welt einräumt. So ist es wichtig, es als gleichberechtigt zu betrachten und ihm dies auch zu zeigen.

Man sollte alles vermeiden, was dem Kind das Gefühl von Unterlegenheit und Rechtlosigkeit vermittelt, das heißt auch: es nicht bestrafen oder demütigen und es nicht - außer in berechtigten Notfällen - zu etwas zwingen, gegen das es sich wehrt. Wenn es aber einmal unumgänglich ist, ohne Erklärungen oder gegen seinen Willen zu handeln, wird es doch auf der Basis des Vertrauens, das sich die Eltern durch die Bereitschaft zur Achtung erworben haben, bereit sein, ihnen zu folgen, weil es irgendwie fühlt, dass es sich jetzt vertrauensvoll in ihre Hand geben muss. Das kann zum Beispiel bei medizinischen Behandlungen wichtig sein. Voraussetzung für dieses blinde Vertrauen ist allerdings, dass die Eltern es nie belügen und betrügen, keine leeren Versprechungen abgeben und nicht entgegen den von ihnen selbst verkündeten Grundsätzen handeln. Hat das Kind einmal gemerkt, dass es den Eltern nicht trauen kann, so beginnt es, sich innerlich von ihnen zu distanzieren.

Manchmal spricht ein Kind nicht über seine Probleme, sondern tut so, als sei alles in Ordnung, oder weigert sich, gezielte Fragen zu beantworten. Dann kann man aber durch Beobachten seines Verhaltens und Körperausdrucks viele Aufschlüsse bekommen. Natürlich sollte man es dann nicht zu einer Aussage zwingen, sondern ihm gewissermaßen in einer stillschweigenden Übereinkunft entgegenkommen. Zum Beispiel könnte man, ohne auf dem *Problem* herumzuhacken, bestimmte Lebensumstände so ändern, dass es sich lösen lässt. Das Kind registriert dies dankbar und wird irgendwann bereit sein, sich darüber auszusprechen. Der Grund für die Verweigerung ist meist die Furcht vor irgendwelchen schlimmen Folgen. Diese kann von schlechten Erfahrungen stammen, die das Kind einmal gemacht hat, als es sich den Eltern anvertraute; vielleicht wurde es daraufhin bestraft, vielleicht fühlte es sich unverstanden. Wie auch immer, solche Störungen des Vertrauensverhältnisses sollten Eltern beachten und sich fragen, welche Fehler sie selbst — wahrscheinlich nur aus Unwissenheit — gemacht haben.

Auch ein kleines Kind hat ein Gefühl für seinen Wert. Man sollte sich davor hüten, es in die Rolle des Unterlegenen zu drängen, weil es sonst kein gesundes Selbstvertrauen entwickeln kann. Abschätzige Äußerungen der Bezugspersonen bleiben oft für alle Zeiten in der Psyche des Kindes haften, weil es ja von ihnen nur die Wahrheit erwartet. „Wenn schon meine Mutter (mein Vater) mich für so hässlich, so dumm oder so wertlos hält, dann muss es wirklich stimmen!", sagt es sich und hat damit die Unschuld seines natürlichen Wertgefühls verloren. So sollte man ihm auch nicht demonstrativ klarmachen, wie wenig es kann und wie viele Fehler es macht, sondern es immer für das loben, was es bereits kann, und es ermuntern, darin noch besser zu werden. Nichts baut so sehr auf wie Lob und Anerkennung, und ein Kind, das davon genug bekommt (natürlich dürfen sie nicht ganz aus der Luft gegriffen sein), wird aufgrund seiner positiven Erwartung meist weitere lobenswerte Erfolge haben. Man braucht nicht zu befürchten, dass es deshalb überheblich oder eingebildet wird, denn so behandelt zu werden ist eigentlich unter wohlwollenden Menschen selbstverständlich. Wenn es aber *nicht* genug Anerkennung bekommt, wird es möglicherweise nach dem Motto „Wer angibt, hat's nötig" den anderen durch seinen ständigen Wunsch nach Bestätigung auf die Nerven gehen. Kinder, die sich respektiert und anerkannt fühlen, werden selbstbewusst und selbständig, haben eine aufrechte Haltung und sind meist unbefangen im Umgang mit anderen.

Verantwortung

Auch die *Verantwortung* der Eltern ergibt sich aus der Liebe und der Achtung gegenüber dem Kind. Sie besteht einerseits in dem Bemühen, ihr Kind vor Schaden zu bewahren beziehungsweise alles für sein Wohlergehen zu tun, und andererseits in einer fairen Haltung gegenüber seiner Unterlegenheit.

Was braucht ein Kind, damit es sich wohl fühlen und gedeihen kann? Ein warmes „Nest" — Nahrung, Kleidung, Wohnung, Schutz — und Liebe, Freude, Vertrauen, Wärme, Ruhe, Freiheit, Respekt und geistige Anregung. All dies sollte in ausreichendem Umfang vorhanden sein, wenn ein Kind „herbeigerufen" wird.

So beginnt die Verantwortung für das Kind bereits vor seiner Geburt — und genau genommen sogar noch früher. Denn da die Eltern in ihrer Erbmasse dem Kind einen Teil ihrer körperlichen Störungen oder Krankheiten mitgeben, wäre es richtig, dass sie, sobald sie ein Kind zeugen wollen, für einen möglichst guten Gesundheitszustand sorgen. Nicht nur Alkohol- und Tabakgenuss hinterlassen mehr oder weniger große Schäden, sondern auch chemische Medikamente, Drogen und Belastungen durch Umweltgifte Besonders ist hier an das immer noch in Zahnfüllungen verwendete Amalgam zu denken. Mit homöopathischer Therapie lassen sich auch bei chronischen Krankheiten oft Besserungen oder Heilungen erreichen, die der chemischen Medizin unmöglich sind. Es ist einleuchtend, dass der Gesundheitszustand des Kindes umso besser sein wird, je gesünder die Eltern sind. Zum Teil lässt sich heute mit bestimmten Untersuchungsmethoden sogar schon in der Embryonalzeit feststellen, ob sich ein normales Kind entwickelt.

Die Eltern sind gewissermaßen die Anwälte ihres Kindes und haben die Aufgabe, seine Rechte zu wahren und es vor

Schaden zu behüten. So gehört es zu ihrer Verantwortung, nicht nur seine äußeren Lebensbedingungen günstig zu gestalten, sondern ihm auch eine Erziehung zu geben, mit deren Hilfe es seine Anlagen, Möglichkeiten und Begabungen so weit wie möglich verwirklichen und sich gleichzeitig ohne Selbstverrat in die soziale Gemeinschaft einordnen kann.

Je größer das Kind wird, desto stärker kann der Konflikt mit seinen Mitmenschen werden, die ihm zuliebe Verzicht leisten müssen, aber ihm auch Verzicht abverlangen. Da das kleine Kind sich oft noch nicht durchsetzen und behaupten kann und da gleichzeitig auch die Eltern Ansprüche ans Leben haben, kann es zwischen dem Kind und den Eltern zu Interessenkonflikten kommen, die auf faire Art gelöst werden müssen. Das heißt: Das Kind darf nicht aufgrund seiner Unterlegenheit benachteiligt werden. So müssen die Eltern gewissermaßen die Ansprüche ihres Kindes gegen die eigenen abwägen und eine Lösung finden, die beiden gerecht wird, wobei sie im Zweifelsfalle den Anspruch des Kindes über den eigenen setzen.

Jemandem gegenüber verantwortlich zu sein bedeutet, ihm Antwort auf die Frage geben zu müssen: „Hast du es richtig gemacht — so, wie es dir aufgetragen ist?" Bei den Eltern würde sie — extrem formuliert — lauten: „Habt ihr Eltern eurem Kind alles zur Verfügung gestellt, was es zu seinem Wohlergehen braucht, und habt ihr jeden Schaden von ihm abgewendet?" Es kann vorkommen, dass Eltern diese Verantwortung als übergroße Last empfinden und dadurch teilweise die Freude an ihrem Kind verlieren oder dass sie in Schuldgefühle verfallen, weil sie meinen, ihrer Pflicht nicht nachgekommen zu sein. Auch bei der Lektüre dieses Buches, in dem immer wieder die Idealzustände dargestellt werden, besteht die Gefahr, dass Sie meinen, Sie hätten Ihre Aufgabe nicht gut genug erfüllt, und sich als schuldige Versager empfinden. Ich habe schon darauf hingewiesen, dass diese Denkweise unsinnig und nutzlos ist, weil dadurch nichts zum Besseren verändert wird (--> *Kap. Schuldgefühle*) und weil jeder Mensch immer so gut handelt, wie es unter Berücksichtigung aller mitwirkenden Umstände möglich ist. Richtiger wäre es, sich ständig bewusst zu bemühen, es *so gut wie möglich* zu machen, und dann auch *zu seiner scheinbaren Unzulänglichkeit zu stehen.* (Eigentlich ist diese nur die Folge eines überhöhten oder unrealistischen Anspruches. Würden wir immer nur so viel von uns verlangen, wie wir tatsächlich leisten können, gäbe es kein Versagen!)

Hüten Sie sich vor Pflicht- und Verantwortungsgefühlen, die die Liebe zu Ihrem Kind beeinträchtigen. Wenn wir uns zu etwas verpflichtet fühlen, das wir nicht leisten können, oder wenn wir beschuldigt werden, dass wir es nicht leisten konnten, ziehen wir zwar vielleicht das Genick ein und bemühen uns krampfhaft, es noch besser zu machen; gleichzeitig aber beginnen wir — meist uneingestanden —diejenigen zu hassen, die die Ursache dafür sind. So könnte sich aus einem übertriebenen Verantwortungsgefühl eine negative Haltung gegenüber Ihrem Kinde entwickeln, weil Sie es als Ursache Ihres Leidens betrachten. In diesem Falle wäre es richtiger, falls möglich, von der Last so viel an andere (zum Beispiel den Partner, die Eltern, Kindermädchen usw.) abzugeben, dass Sie mit einem frohen Gefühl auf Ihr Kind zugehen können. Das Wichtigste für das Kind ist ja die freudige Zuwendung, die liebevolle Beziehung, und diese kostet keine Kraft und hat nichts mit Pflicht zu tun. Was nützt es Ihrem Kind, wenn Sie ihm jeden Vorteil und Komfort verschaffen, es aber aus Überbelastung nicht mehr annehmen können?

So könnte man — in einem positiven Sinne — auch sagen, dass die Verantwortung der Eltern darin besteht, sich ihren Kindern froh und liebevoll zuzuwenden. Dies müsste man zum Beispiel bedenken, wenn sich Familienväter so sehr in ihrem Beruf (und damit angeblich für die Familie) engagieren, dass sie keine Zeit und seelische Kapazität mehr für ihre Kinder haben, oder wenn Mütter so viel für ihr Kind *tun,* dass sie nicht mehr für es da *sein* können. Eigentlich sind das aber Selbstverständlichkeiten, denn die Freude, die der gute Umgang mit einem Kind bringen kann, gehört zu den großen Reichtümern und Wundern des menschlichen Lebens.

Die Beziehungen des Kindes

Ein Kind braucht ein „warmes Nest", in dem es sich geborgen, geliebt und zu Hause fühlt. Die Nestwärme entsteht nicht nur durch die äußeren Umstände wie Wohnung, Kleidung und Nahrung, sondern auch und besonders durch die guten Beziehungen zu seiner Umgebung, von denen seine geistige, soziale und sittliche Entwicklung entscheidend abhängt. Indem es seine Mitmenschen - in Gemeinsamkeiten, Ähnlichkeiten und Gegensätzlichkeit - kennen lernt, kann es ein Gefühl für seine eigene Identität entwickeln. Es lernt nicht nur Liebe zu nehmen und zu geben, sondern auch seinen Platz in der Welt zu finden und zu behaupten. Auch seine intellektuelle Entwicklung - die Fähigkeit zu sprechen, zu hören, wahrzunehmen, Beobachtungen zu deuten und in sozialen Zusammenhängen zu denken - wird maßgeblich vom Kontakt mit anderen gefördert.

Die menschlichen Beziehungen bewegen sich zwischen zwei Polaritäten: auf der einen Seite Entgegenkommen und Liebe, auf der anderen Ablehnung und Feindschaft. Wir versuchen zwar meist, sie nur auf einen Pol festzulegen, nämlich auf Liebe und Frieden, müssen aber, wenn wir uns genau beobachten, zugeben, dass wir jederzeit auch zu Kampf und Feindschaft bereit sind, nämlich dann, wenn wir angegriffen oder wesentlicher Rechte beraubt werden. Grundlage dafür sind unsere animalischen Triebe, vor allem der Überlebenstrieb. Sie wecken das „wilde" Tier in uns, das sich in natürlicher Unschuld nimmt, was es braucht. Es spielt in unserem sozialen Leben eine größere Rolle, als uns üblicherweise bewusst ist, und wir müssen es in angemessener Weise berücksichtigen, damit es zahm und verträglich bleibt.

Hierfür sollte man dem Kind so viel wie möglich von seiner Natürlichkeit lassen und ihm keine Moral aufzwingen, die ihm gegen den Strich geht und die es nicht begreifen kann. Es muss auf seine Instinkte hören dürfen, die ihm von der Natur gegeben wurden, damit es sich verwirklichen kann, das heißt, es soll seine Ansprüche und Bedürfnisse anmelden und sich gegen Benachteiligung oder Unrecht wehren dürfen. Dadurch wird es keineswegs zur rücksichtslosen, asozialen Bestie - im Gegenteil: Wenn es zu sich selbst stehen kann, wird es fähig sein, großzügig und gelassen zu reagieren, und seine Ansprüche werden maß- und sinnvoll bleiben. Die natürliche, dem unverdorbenen Herzen entspringende Moral ist die beste Voraussetzung für gute menschliche Beziehungen, denn sie ermöglicht es dem Kind, unter Wahrung des eigenen Lebensrechtes seinen Mitmenschen freundschaftlich entgegenzukommen.

Unterdrückt man die natürlichen Triebe des Kindes, so sind sie damit nicht annulliert. Im Gegenteil: Sie setzen sich in veränderter Form durch und bekommen eine destruktive Komponente, weil jede Unterdrückung — bewusst oder unterbewusst — Aggressionen und Hassgefühle erzeugt. Beim Sexualtrieb lässt sich dies besonders gut beobachten: Wenn ein Kind hierin sehr stark behindert wird, verliert es entweder die positive Beziehung zu seiner eigenen Geschlechtlichkeit und wird asexuell bis sexualfeindlich oder es gewöhnt sich daran, seine Sexualität in einer aggressiven, gewalttätigen oder ungezügelten Weise auszuleben. So ist es im sozialen Zusammenleben wichtig, dem Kind die Möglichkeit zu lassen, seine „Unnatur" so weit auszuleben, wie es nötig ist, ihm aber gleichzeitig klarzumachen, dass andere Menschen ähnliche Ansprüche haben und dass es diese in seinem eigenen Interesse berücksichtigen muss. Das leuchtet ihm mehr ein als eine unverständliche Moral oder der Begriff der Sünde und ermöglicht ihm bis zu einem gewissen Grade, rational und emotionsfrei zu bestimmen, wie weit es seinen Wünschen und Trieben nachgeben will. Dadurch wird auch verhindert, dass es sich wegen seiner vermeintlichen „Schlechtigkeit" selbst ablehnt. Es ist ja klar: Aus einer negativen Haltung kann nichts Positives entstehen. Eine bejahende Einstellung zu sich selbst aber macht fähig, auch andere zu bejahen.

Die Beziehungen zu Mutter und Vater

Zu seiner Mutter hat das Kind naturgemäß die innigste Beziehung, die man sich denken kann. Diese Beziehung ist zugleich mit seiner eigenen Existenz entstanden, mit ihm vom ersten Tag an gewachsen und bleibt lebenslang in Form der „emotionalen Nabelschnur" erhalten. Viele Mütter wissen deshalb auch aus der Ferne, wie es ihrem Kinde geht. Diese Beziehung zwischen dem Kind und der Mutter ist ein Mysterium, das den Menschen durch sein ganzes Leben begleitet, und sie endet nie. Selbst wenn sie äußerlich gestört ist, bleibt sie in der Tiefe der kindlichen Psyche weiterhin bestehen und äußert sich zumindest in der Sehnsucht, von der — oder einer — Mutter geliebt zu werden.

Solange das Kind noch nicht aus eigener Kraft leben kann, hat die Mutter eine lebensentscheidende Bedeutung. So ist für das neugeborene Kind der möglichst dauernde Körperkontakt zwischen Kind und Mutter wichtig. Beim *Rooming-in* und der Hausgeburt ist dies am besten möglich. Ideal ist es auch, wenn die Mutter in den ersten drei Lebensjahren (zumindest aber im ersten) Zeit und Kraft hat, sich ihm ganz zur Verfügung zu stellen, es selbst zu pflegen und auch zu stillen. An sich nimmt ein Kind zu jedem Menschen, der ihm liebevoll entgegenkommt, eine positive Beziehung auf, doch die Mutter, die ihm die Brust bietet, bekommt eine besondere und privilegierte Stellung in seinem Gefühlsleben. In seiner Hilflosigkeit hat das Erlebnis der Mutterbrust (lateinisch: *mamma)* für das Kind eine ganz elementare Bedeutung, weil es an ihr nicht nur Hunger und Durst, sondern auch das Bedürfnis nach liebevollem Kontakt stillen kann.

Das Baby fühlt die warme Haut der Mutter, die weiche Brust, es nimmt ihren guten Duft (der übrigens nicht durch parfümierte Kosmetik verfälscht werden sollte), ihre zärtliche Stimme und die Konturen ihres Gesichts wahr — hier ist es glücklich und geborgen. Natürlich können auch andere Menschen diese Rolle zum Teil übernehmen, wenn sie ihm dieses Gefühl der Geborgenheit, der Wärme, des Schutzes, der Liebe vermitteln. Bis zu einem gewissen Grade kann auch die Flasche die Mutterbrust ersetzen, wenn sie liebevoll gereicht wird und vielleicht von einem guten Körperkontakt begleitet ist. Da das Gestilltwerden aber ein natürliches Urerlebnis ist, kann ein Kind, dem es vorenthalten wurde, möglicherweise ein Gefühlsdefizit bekommen — jedenfalls lernt es die Welt in einer nicht von der Natur vorgesehenen Weise kennen.

So ist die Mutter die wichtigste Bezugsperson des Kindes, sie verkörpert jene warme Geborgenheit, die es in ihrer Gebärmutter erlebte, und jene Freuden, die ihre weiche Mutterbrust so freigiebig spendet. Von ihr bekommt es alles, was es zum Leben braucht, es weiß sich von ihr geliebt, angenommen und verstanden. Dieses Verstehen, das aus dem Herzen und nicht aus dem Verstand kommt, bedeutet auch, dass sie immer bereit ist, ihm zu verzeihen. In der Tiefe seines Lebensgefühls bedeutet die Mutter für das Kind eine Art Lebensquelle und aus der guten Beziehung zu ihr entsteht größtenteils sein Urvertrauen. Von ihr abgelehnt oder verstoßen zu werden, verursacht jedem Menschen — ob eingestanden oder nicht — eine schmerzende seelische Wunde.

Die Beziehung des Kindes zum Vater ist ähnlich wie zur Mutter: Wie sie gibt auch er ihm Liebe, Wärme, Schutz, geistige Anregung, Nahrung. Er kann eine seiner wichtigsten Bezugspersonen sein und sollte sich möglichst an der Pflege des Kindes beteiligen — nicht nur, damit er seinem Kind und sein Kind ihm nahe kommt, sondern damit auch eine Gemeinsamkeit in der Elternerfahrung mit seiner Frau entsteht und er ihre große Belastung verstehen kann.

Auch heute noch stellen viele Väter sich auf den Standpunkt, dass die „Kinderaufzucht" allein Sache der Frau sei, und weigern sich, einen fairen Beitrag zu diesem Gemeinschaftsprojekt zu leisten. Das führt auch bei der Verteilung der gemeinsamen Finanzen oft dazu, dass sie die Arbeit ihrer Frau nicht ernst nehmen und meinen, das von ihnen verdiente Geld sei ihr (der Väter) Eigentum, von dem sie der Frau großzügigerweise (oder gezwungenermaßen) einen ihnen angemessen erscheinenden Anteil abgeben, statt anzuerkennen, dass sie ihrem Beruf nur nachgehen können, weil ihre Frau sich in ununterbrochenem Einsatz um die Kinder kümmert.

Die väterliche Liebe ähnelt in wesentlichen Bereichen der mütterlichen: Zunächst weckt das Kind durch seine Hilf- und Schutzlosigkeit beim Vater zärtliche Gefühle und selbstlose Zuneigung, aktiviert also seinen Beschützerinstinkt; dann liebt er es, weil er (im Idealfall) in ihm die geliebte Frau verkörpert sieht, und schließlich wächst bei ihm durch das Zusammenleben eine menschlich-liebevolle Beziehung, die durch vererbte Gemeinsamkeiten des Charakters („Blutsverwandtschaft") verstärkt werden kann.

Wenn die Eltern sich bei der Kinderbetreuung auch weitgehend gegenseitig vertreten können, so gibt es doch einige grundlegende Unterschiede, die der Mutter eine besondere Stellung im Gefühlsleben des Kindes geben: Das Kind ist monatelang in ihr gewachsen und war Teil ihres Körpers, sie kennt es also neun Monate länger als der Vater, sie hat es geboren und sie kann ihm die Mutterbrust bieten. Daraus entwickelt sich eine einzigartig intime Beziehung zwischen Kind und Mutter, ein Urgefühl der Verbundenheit, das dem Vater verwehrt ist. (Eigentlich kann er ja nicht einmal genau wissen, ob er der leibliche Vater ist.) Dadurch ist ihm das Kind immer etwas fremder als der Mutter und bekanntlich ist er im Falle einer Trennung meist eher bereit, auf sein Kind zu verzichten als die leibliche Mutter.

Wenn Mutter oder Vater fehlen oder sich entziehen

Wenn sich Vater und Mutter auch in gewissen Bereichen der Kinderbetreuung gegenseitig ersetzen können, so haben sie im Leben des Kindes doch jeweils eine ganz eigenständige Bedeutung. Sie repräsentieren wichtige Urprinzipien des Lebens, die man weitgehend aus der Bedeutung von *Eizelle* und *Samen* ableiten kann: Die Funktion der Eizelle ist das Erwarten, das Aufnehmen und das Ernähren, die des Samens das Suchen, das Eindringen und das Aktivieren. Diese Prinzipien finden wir auf den verschiedensten Ebenen des menschlichen Lebens wieder — auf der biologischen, der psychologischen, der soziologischen, der geistigen —, und aus ihrem Zusammenwirken entsteht immer, wie bei Eizelle und Samen, etwas Neues und Vollkommenes.

Das Prinzip „Mutter" umfasst die immer bereite, gebende, aufnehmende und lebenserhaltende Funktion der Natur, weshalb man auch von Mutter Erde und Mutter Natur spricht. Die Mutter-Funktion hat eine mystische Komponente, die die Frage nach dem Ursprung des Lebens berührt, und die Mutter hat eine Schlüsselrolle im Leben jedes Menschen, weil jeder einmal im Leib einer Mutter herangewachsen ist und von ihr geboren — meist auch großgezogen — wurde. Der Vater symbolisiert in vielen Kulturen Macht, Autorität und Schutz (zum Beispiel „Gottvater") und ist im Gegensatz zur warmen, körperlich fühlbaren Mutter ein eher geistiges, abstraktes Prinzip — er kann ja zum Beispiel dem Säugling auch keine warme, nährende Brust bieten.

Beide Prinzipien sind für die psychische Entwicklung des Kindes erforderlich. Es muss das weibliche und das männliche Prinzip fühlen und erfahren, braucht für eine gesunde, vollkommene psychische und geistige Entwicklung eine Mutter *und* einen Vater. Bei einem Kind, das nur einen Elternteil kennt, entwickelt sich die Psyche meist nicht optimal — Probleme im sozialen Verhalten und Selbstwertstörungen können die Folge sein.

Da aber das Leben nicht immer ideal verläuft, ist auch diese Bedingung oft nicht erfüllt: Schwere Krankheit oder Tod eines Elternteils, Beziehungen, die nicht tragfähig waren und nach der Geburt des Kindes zerbrachen, oder ungewollte Schwangerschaften führen dazu, dass ein Elternteil — meist ist es die Mutter — mit dem Kind allein bleibt. In solchen Fällen wäre es gut, sich nach einer geeigneten männlichen Ersatz-Bezugsperson umzusehen und das Kind nicht als Privatbesitz zu betrachten. Oft sucht sich das Kind den Ersatzvater (oder die Ersatzmutter) selbst — einem Nachbarn/in, einem Freund/in der Familie, einem Lehrer/in, einen Onkel, eine Tante, den Großvater oder die Großmutter. Solche Kontakte sollten nicht eifersüchtig abgeblockt werden, denn das Kind braucht sie, um den Mangel auszugleichen, der durch das Fehlen von Vater oder Mutter bei ihm besteht. Früher gab es zu diesem Zweck auch die Paten, die teilweise die Stelle von Vater oder Mutter einnahmen, und auch in den Großfamilien konnte das Kind meist einen Ersatz finden.

Oft müssen Kinder gewissermaßen vaterlos aufwachsen, weil sich der Vater ihnen entzieht. Wahrscheinlich ist ihm gar nicht klar, welch wichtige Aufgabe er im Leben seines Kindes hat und wie sehr dieses ihn braucht. Seine Art zu sprechen, sich zu bewegen, mit dem Kind zu spielen, Kommentare zum täglichen Leben abzugeben — einfach ein Mann zu sein —, unterscheidet sich von der der Mutter und sagt dem Kind etwas. Für den Sohn ist er unter anderem der Anführer und das Vorbild, für die Tochter das Geheimnis „Mann" und das Zielobjekt ihrer weiblichen Liebe. Auch der Vater gewinnt aus der Zuwendung zu seinen Kindern viel: Er bekommt vertrauensvolle Liebe und Offenheit, er begegnet dem Leben und dem Menschen in aller Klarheit und Unverdorbenheit, er erlebt pure Lebensfreude, er kann sich selbst und seine eigene Kindheit in seinen Kindern wiederfinden und manchmal öffnet die unschuldige Weiblichkeit seiner kleinen Tochter sein verhärtetes oder verletztes Herz wieder für die Frauen.

So ist es wichtig, dass Frauen oder Männer, wenn sie sich ein Kind wünschen, darauf achten, dass sie einen/e Partner/in haben, mit dem/r sie es nicht nur zeugen, sondern vor allem auch *gemeinsam liebevoll aufziehen* können. Wir sollten den Heranwachsenden klar machen, dass sie lieber — gerade im Interesse der von ihnen gewünschten Kinder — so lange suchen sollten, bis sie den/die richtige/n Partner/in gefunden haben, als sich mit einer schnellen Verlegenheitslösung zufrieden zu geben.

Die Sexualität in den Eltern-Kind-Beziehungen

Mutter und Vater haben noch eine weitere wichtige Bedeutung im Leben des Kindes, die sich aus ihrem unterschiedlichen Geschlecht, also der sexuellen Polarisierung von Mann und Frau ergibt. Um deren Auswirkungen verstehen zu können, müssen wir zwei Prinzipien beachten:

Das erste besteht in den erwähnten instinktiv-typischen männlichen und weiblichen Eigenschaften: Die Psyche der Frau hat viel von der erwartenden, aufnehmenden und ernährenden Eizelle, die des Mannes vom suchenden und eindringenden Samen. Das zweite ist die Tatsache, dass die gegensätzlichen Geschlechter einander anziehen, um eine höhere Einheit zu bilden. Mann und Frau gehen *instinktiv* aufeinander zu, weil sie ein potentielles Liebespaar sind und sich in diesem Sinne tiefer und ursprünglicher begegnen können als Frau und Frau oder Mann und Mann. Gleichgeschlechtliche Menschen stehen unter biologisch-sexuellem Aspekt immer in einer gewissen Konkurrenz zueinander (um ein andersgeschlechtliches „Liebesobjekt"), selbst wenn sie sich im Übrigen sympathisch sind. Sie sind wie zwei gleiche Magnetpole, eine echte Verschmelzung ist unmöglich, es kann nur ein Nebeneinander geben, das unter günstigen Umständen faire Freundschaft, unter ungünstigen Konkurrenz oder Feindschaft bedeutet.

(Bei dieser schematischen Darstellung muss man allerdings berücksichtigen, dass jeder Mensch auch Komponenten des anderen Geschlechtes in sich trägt, die, wenn sie sehr stark sind, eine Frau „männlich" und einen Mann „weiblich" machen können. Dann stimmt das Schema scheinbar nicht, weil sich eine „männliche" Frau zu einer weiblichen und ein „weiblicher" Mann zu einem männlichen hingezogen fühlen kann — allerdings nur in psychologischer oder erotischer, nicht aber in sexueller Hinsicht, weil ja die anatomischen Formen und Funktionen immer eindeutig sind.)

Aufgrund dieser geschlechtlichen Prägung haben Mann und Frau in der Familie unterschiedliche Rollen. Die Frau repräsentiert für alle männlichen — also andersgeschlechtlichen — Familienangehörigen (Ehemann, Sohn, Bruder) und der Mann für alle weiblichen (Mutter, Tochter, Schwester) die umfassende Liebe, das Gefühl und die Irrationalität, weckt also bei ihnen irgendeine Art von körperlich-instinktivem Liebesgefühl mit dem entsprechenden entgegenkommenden Verhalten. Dagegen ist die Frau für die weiblichen — also gleichgeschlechtlichen — und der Mann für die männlichen Familienmitglieder die/der gleichberechtigte Freund/in, die/der Führer/in, die Autorität und die Konkurrenz. (In diese Beziehungen mischt sich auch noch ihre eventuelle Mutter- oder Vater-Funktion.)

Die Frau ist für ihren *Ehemann* (potentiell auch für den *Bruder*) die Liebes-und Lebensgefährtin, die Sexualpartnerin, und in gewissem Sinne auch die schutzbedürftige Tochter und die liebende Mutter. Welche dieser Funktionen im Vordergrund steht, hängt jeweils von der Veranlagung, der Persönlichkeitsstruktur, der Lebenssituation und der Partnerkonstellation ab. Für das *Kind* ist sie die Mutter, bedeutet also den unmittelbaren Schutz, die Liebe, die Nahrung *(mamma)*, das Urvertrauen, das Verständnis, die Verzeihung, und hat gleichzeitig noch eine geschlechtsbezogene Rolle: für den *Sohn* als erste potentielle

Liebespartnerin, für die *Tochter* als sexuelle Konkurrentin oder Führerin.

Die Rolle des Mannes ist derjenigen der Frau entgegengesetzt. Für die *Ehefrau* (potentiell auch für die *Schwester)* ist er der Liebes- und Lebensgefährte, der Sexualpartner und in gewissem Sinne auch der liebesbedürftige Sohn und der beschützende Vater. Auch hier hängt es jeweils von der Veranlagung, der Persönlichkeitsstruktur, der Lebenssituation und der Partnerkonstellation ab, welche dieser Funktionen im Vordergrund steht. Für das *Kind* stellt er den väterlichen Schutz und die Autorität dar, hat aber auch eine gewisse (mütterliche) Pflege- und Sorgefunktion. Zugleich ist er für die *Tochter* der erste potentielle Liebespartner und für den *Sohn* der sexuelle Konkurrent oder Führer, woraus sich eine Autoritätsfunktion ergibt.

In ihrer Eigenschaft als erste potentielle Liebespartner ihres andersgeschlechtlichen Kindes prägen die Eltern vom ersten Tag an sein Verhältnis zum anderen Geschlecht. Deshalb bringen die Kinder sowohl die schönen erotischen Gefühle als auch die negativen Erfahrungen, die sie mit ihrem/r mütterlichen oder väterlichen Partner/in erleben, unbewusst in ihre späteren Liebesbeziehungen ein.

Die Mutter beeinflusst entscheidend die Haltung des Sohnes gegenüber allen Frauen, die er in seinem Leben kennen lernt. Eine gute und liebevolle Beziehung zu ihr erzeugt bei ihm eine positive Einstellung, während sich unerfreuliche Erlebnisse — wenn sie zum Beispiel für ihn schwierig, unangenehm oder gefährlich war — meist störend auf seine späteren Partnerbeziehungen auswirken.

Ähnliches gilt für die Tochter: Der Vater ist ihr erstes untergründig erotisches Verhältnis, das Erlebnis „Mann". Eine gute Beziehung zu ihm fördert ihre Fähigkeit und Bereitschaft, eine vertrauensvolle Liebesbeziehung zu einem Mann einzugehen. Wirkt der Vater aber irgendwie unangenehm auf sie, ist er zu streng oder entzieht er sich ihr, so kann sie eine negative Erinnerung behalten, die sie unbewusst in alle späteren Männerbeziehungen einbringt.

Unterschiede in den Beziehungen zu Vater und Mutter

Vergleicht man unter den hier beschriebenen Kriterien die Beziehungen der Kinder zu den Eltern, so treten zwischen Sohn und Tochter grundsätzliche Unterschiede zutage: Die *Tochter* hat *zur Mutter* in deren Eigenschaft als Mutter eine positive Beziehung und in deren Eigenschaft als Geschlechtskonkurrentin eine Problembeziehung; sie hat *zum Vater* als Autoritätsperson eine Problembeziehung und zum Vater als Mann oder Liebhaber eine positive Beziehung. Es bestehen also jedes Mal gleichzeitig positive und negative Elemente. Der *Sohn* dagegen hat *zur Mutter* eine doppelt positive Beziehung, da sie nicht nur seine Mutter, sondern auch eine Frau und potentielle Geliebte ist; dafür hat er *zum Vater* als Autoritätsperson und Geschlechtskonkurrenten eine doppelte Problembeziehung. Man sieht, dass die Tochter ausgewogenere, aber weniger intensive Beziehungen zu den Eltern hat (Mutter: +/-, Vater: +/-). Dadurch ist sie von ihnen unabhängiger als der Sohn, der in eine intensivere Liebesbeziehung zur Mutter (+/+) und eine stärkere Konkurrenzbeziehung zum Vater (-/-) verstrickt ist. Diese Unabhängigkeit der Tochter ist biologisch wichtig, weil sie die Schlüsselfunktion für die Erhaltung der Art hat und mit der Geschlechtsreife Mittelpunkt einer neuen, eigenen Familie werden muss (oder müsste).

Bei solchen grundsätzlichen Feststellungen darf der Hinweis „Ausnahmen möglich" nicht fehlen. Die menschliche Psyche ist so vielfältig und oft widersprüchlich, dass es immer wieder Abweichungen vom Normalverhalten gibt („normal" nicht als Wertung gemeint, sondern als Ausdruck der allgemeinen Norm).

Die Beziehungen zu den Geschwistern

Es gibt kaum etwas, das einem kleinen Kind mehr Spaß macht als ein anderes Kind. So sind Geschwister für ein Kind grundsätzlich ein erfreuliches Erlebnis, auch wenn es mit ihnen das „Nest" und die elterliche Zuwendung teilen muss. Sie können zusammen spielen, gemeinsam die Welt erkunden, Erfahrungen austauschen und sich gegenseitig Liebe und Hilfe geben. Im Kontakt mit seinen Geschwistern erfährt es den Unterschied zwischen sich und anderen und lernt sich selbst kennen.

Das Besondere am geschwisterlichen Kontakt ist die gemeinsame Lebenssituation, aus der heraus sie sich verstehen und unterstützen können. Ältere Geschwister können bis zu einem gewissen Grade die Funktion der Eltern übernehmen, falls diese durch Tod, Krankheit oder Trennung ausfallen oder ihr Kind ablehnen. Oft hat dann die große Schwester die Rolle der Mutter oder der große Bruder die des Vaters, gibt dem kleinen Geschwister Liebe, schützt es und zeigt ihm, wie man mit dem Leben zurechtkommt. Solche Beziehungen pflegen sich lebenslang zu erhalten. Der große oder der kleine Bruder, die große oder die kleine Schwester gewesen zu sein hinterlässt im sozialen Verhalten des Menschen dauerhafte Spuren: Er/sie hat schon auf natürliche Weise früh gelernt, sich unterzuordnen oder anzuführen.

Dabei — wie auch allgemein in der geschwisterlichen Beziehung — spielt die Art des Geschlechtes eine gewisse Rolle, weil andersgeschlechtliche Geschwister potentielle Liebespaare und gleichgeschlechtliche potentielle Konkurrenten sind. So können sich zwischen Bruder und Schwester tief empfundene, zärtliche Beziehungen mit einer latent inzestuösen Komponente entwickeln. (Biologisch und psychologisch ist der liebevolle Inzest ja nicht widernatürlich, er wirft hauptsächlich soziale und moralische Probleme auf.) Dagegen besteht zwischen Gleichgeschlechtlichen meist eine gewisse Konkurrenz, die sich zur untergründigen Feindschaft steigern kann, wenn die Sexualität ins Spiel kommt — wenn es also um die Liebe des andersgeschlechtlichen Elternteils geht, und natürlich in der Pubertät.

Die Eltern haben auf die geschwisterliche Beziehung oft einen großen Einfluss. Sie können sie zerstören, indem sie durch Ungerechtigkeiten Zwietracht unter die Geschwister säen (was manchmal geschieht, um die Zuwendung eines besonders geliebten Kindes ganz auf sich zu ziehen), oder sie können die Geschwister zusammenführen, indem sie die Kinder versöhnlich und verständnisbereit stimmen und durch schöne gemeinsame Unternehmungen miteinander verbinden. Sie sollten vor allem immer darauf achten, dass sich keines der Geschwister benachteiligt fühlt. Dabei geht es nicht darum, jedem gleich viel zu geben, sondern jedem so viel, wie es möchte und braucht. Jedes Kind hat andere Ansprüche und es ist klar, dass ein sehr liebebedürftiges, anhängliches Kind mehr Zuwendung will als ein unabhängiges und freiheitsbedürftiges.

Daher sollte jedes Kind auch eine *exklusive* Beziehung zu seiner Bezugsperson bekommen und das Gefühl haben können, in ihrem Herzen an erster Stelle zu stehen. Kinder, die in der ersten Lebensphase genügend Liebe bekommen haben, sind gewissermaßen „gesättigt" und können auch zu ihren Geschwistern sehr liebevoll und entgegenkommend sein; andernfalls werden sie diese als Konkurrenten empfinden und sie beneiden oder bekämpfen (-> *Kap. Der Überlebenskampf*). Besondere Schwierigkeiten können auftreten, wenn weitere Kinder hinzukommen, weil die bereits vorhandenen Kinder den Neugeborenen Platz machen müssen. Dann ist es wichtig, keines der älteren Kinder beiseite zu schieben (-> *Kap. Das Revier*).

Falls Geschwister in eine deutliche Konkurrenz zueinander geraten, sei es im Liebesanspruch an die Eltern, sei es in Bezug auf einen bestimmten Besitz oder auf soziale Anerkennung, so sollten sie eigene, getrennte „Reviere" bekommen, in denen sie „Alleinherrscher" sind, zum Beispiel in Form unterschiedlicher Sportarten, Freundeskreise oder Berufsbereiche. Auf keinen Fall dürfen solche Dissonanzen unter den Geschwistern von den Eltern zum eigenen Vorteil ausgenutzt werden.

Man muss sich sehr davor hüten, ein Kind gegen das andere auszuspielen, es zu benachteiligen oder gar zu demütigen. Daraus können sich lebenslange Eifersüchte und Feindschaften ergeben.

Jedes Kind hat seine persönliche Veranlagung, von der auch seine Sympathien und Antipathien abhängen. Diese ist zwar in den ersten Lebensjahren noch nicht so stark ausgeprägt, doch sieht man auch bei kleinen Kindern oft schon sehr deutlich individuelle Unterschiede in der Verhaltensweise und in den Vorlieben. Geschwister, die miteinander harmonierende Veranlagungen besitzen, entwickeln meist eine Freundschaft, die über die Gemeinsamkeit des Nestgefühls hinausgeht, während sie bei konträrer Veranlagung ihre eigenen Wege gehen und auch später den Kontakt auf den allgemeinen familiären Umgang beschränken.

Die Beziehungen zu den Großeltern

Die Beziehung zu den Großeltern hat eine eigene Qualität. Sie erfreuen sich bei den Enkelkindern meist großer Beliebtheit, weil sie ihnen normalerweise entspannt und gütig entgegenkommen. Sie sind ja durch ihr Alter etwas abgeklärter und nehmen viele äußerliche Probleme nicht mehr so ernst wie die Eltern. Zudem brauchen sie sich nicht mehr um die Erziehung der Kinder und die täglichen Belastungen zu kümmern, sondern können sich einfach an und mit den Enkeln erfreuen.

Oft verwöhnen sie die Enkelkinder allerdings zu sehr, um sich — mehr oder weniger unbewusst — in deren Herzen einzuschmeicheln und in ihrer Gunst vor den eigenen Eltern zu rangieren. Dadurch kann der familiäre Friede gestört werden und das Kind in einen Gefühlskonflikt zwischen Eltern und Großeltern geraten.

Die Großeltern können weitgehend die Stelle der Eltern einnehmen, wenn diese verhindert sind. Dabei besteht allerdings manchmal die Gefahr, dass sie dem Kind ihr eigenes, nicht mehr in die Zeit passendes Weltbild vermitteln, was zum Beispiel in Verbindung mit der sexuellen Erziehung erhebliche Probleme hervorrufen kann. Sie sollten sich daher in allen Erziehungsfragen mit den Eltern, also ihren eigenen Kindern, absprechen und im Zweifelsfall deren Autorität und Vorstellungen respektieren.

Die Beziehungen zu anderen Kindern

Die Beziehungen zu den Freunden, Freundinnen und Schulkameraden ähneln weitgehend den geschwisterlichen Beziehungen, unterscheiden sich von ihnen aber durch die Tatsache, dass sie freiwillig gesucht und eingegangen werden. Während die familiären Beziehungen auf Blutsverwandtschaft beruhen, das heißt vom Kind nicht selbst gewählt wurden, ist die Freundschaft eine Art Seelenverwandtschaft, weil sie auf Sympathie und Gemeinsamkeiten beruht. In solchen Beziehungen entsteht beim Kind eine gewisse Bewusstheit für seine Eigenart, weil es seine Wahl unbewusst auch trifft, um bestimmte eigene Anlagen entwickeln oder im Gegenüber erfahren zu können. Da sich mit zunehmendem Alter die Schwerpunkte in der Persönlichkeitsentwicklung verschieben, wechseln auch die Freundschaften im Laufe des Lebens, wobei manchmal sehr unterschiedliche Charaktere bevorzugt werden.

Eltern sollten (außer in negativen Extremfällen) nicht auf solche Freundschaften einwirken, sondern dem Kind die Möglichkeit geben, nach Neigung zu wählen und seine Freunde/innen auch nach Hause mitzubringen. Wenn Sie feststellen, dass Ihr Kind unter schlechten Einfluss geraten ist, nützen Verbote nichts. Vielmehr sollten Sie dann versuchen, Ihren eigenen Einfluss durch eine Verbesserung der Beziehung zu Ihrem Kind zu vergrößern, so dass es Ihre (hoffentlich berechtigten) Einwände ernst nimmt. Es wäre aber sehr zu empfehlen, dass

Sie sich mit einem/r neutralen Berater/in darüber aussprechen, denn die Tatsache, dass Sie einem/r bestimmte/n Freund/in Ihres Kindes für „katastrophal" halten, bedeutet noch lange nicht, dass dies auch objektiv zutrifft und Ihr Kind durch diese Beziehung geschädigt wird. Manche Freundesbeziehung, die von den Eltern abgelehnt wird, ist eine unbewusste Rettungsaktion des Kindes, das sich dadurch ein Gegengewicht gegen einen problematischen elterlichen Einfluss schafft. Im Grunde braucht man bei allem, was man einem Kind gibt oder mit ihm unternimmt, immer nur darauf zu sehen, ob es sich wohl fühlt und gedeiht.

Die Beziehungen zu Erziehern/innen und Lehrern/innen

Die übliche Beziehung zu Erziehern/innen und Lehrern/innen ist von einem Element gekennzeichnet, das auch in der Eltern-Kind-Beziehung vorhanden ist: der Autorität. Sie haben ja, abgesehen von der Wissensvermittlung, die Aufgabe, dem Kind die Regeln beizubringen, nach denen das gesellschaftliche Zusammenleben funktioniert und ohne deren Einhaltung es von der sozialen Gemeinschaft nicht akzeptiert wird. Sie sollen es gewissermaßen so „zurechtbiegen", dass es in das vorgegebene Raster passt. Das ist etwas polemisch ausgedrückt, tatsächlich aber betrachten viele Erzieher/innen und Lehrer/innen das Kind als noch unfertiges, zu bearbeitendes Objekt, statt ihm mit Respekt und Wohlwollen entgegenzukommen und ihm zu zeigen, wie es sich ohne Verlust seiner inneren Freiheit und Menschenwürde in die Gesellschaft einfügen kann (> *Kap. Erziehen*).

Das Kind wird normalerweise die Führungsqualität seiner Erzieher akzeptieren, wenn sie auf persönlicher Überlegenheit, Integrität und Menschenfreundlichkeit beruhen. Von einer Autoritätsperson, die durch Liebe, Respekt und Verständnis sein

Vertrauen gewonnen hat, wird es sich willig führen und anleiten lassen. Es gibt sehr liebevolle Beziehungen zu Lehrern/innen, die das Leben des Kindes nachhaltig positiv prägen und ihm zum lebenslangen Vorbild werden. Im Prinzip ist jedes Kind lernwillig, wenn es Spaß dabei hat. Unerlässlich für einen guten Erfolg ist es aber, dass man ganz individuell auf seine Eigenarten und Möglichkeiten eingeht.

Normalerweise merken Eltern schnell, ob ihr Kind eine gute Beziehung zu seinen Erziehern hat, denn es geht ja überall gern hin, wo es gut behandelt wird. Drückt oder fürchtet es sich vor der Schule oder flüchtet es oft in vorgeschobene Krankheiten, so wäre es nötig ihm zu Hilfe zu kommen. Lassen Sie Ihr Kind nicht in den Händen von Lehrern/innen, vor denen es sich fürchtet, zwingen Sie es nicht, in eine Schule zu gehen, in der es „fertig gemacht" wird. Suchen Sie notfalls so lange, bis Ihr Kind gut aufgehoben ist. Es geht ja um mehr als nur ein paar unangenehme Unterrichtsstunden, es geht um grundsätzliche Lebensfragen: nicht nur um die in der Kindheit so wichtige Freude am Leben, sondern auch um seine Einstellung zur Autorität und zur Arbeit. Wenn es jetzt die Freude am Lernen verliert, wird ihm wahrscheinlich der Weg zu einem gerne und gut ausgeübten Beruf verschlossen bleiben.

Die Beziehung zum anderen Geschlecht

Die Erfahrung des anderen Geschlechtes — der Tatsache, dass ein anderer Mensch in einer Weise anders ist, die man selbst nicht nachvollziehen kann, und dass man sich davon angezogen fühlt — ist ein sehr elementares und prägendes Erlebnis im Leben jedes Menschen. Eigentlich kann niemand von uns das Wunder des anderen Geschlechtes verstehen und nicht zuletzt ist es dieses Geheimnis, das uns an einer Frau oder einem Mann so fasziniert. So ist der sexuelle Kontakt, wenn er nicht nur der primitiven Triebbefriedigung dient, auch zugleich die Suche nach etwas Unbegreiflichem, um dessen Existenz wir wissen; in der intimen Begegnung mit dem anderen Geschlecht offenbart es sich uns auf eine irrationale Weise.

Schon im Schulalter deutet sich beim Kind die Anziehung durch das andere Geschlecht an und wird in der Pubertät oft zum beherrschenden Thema in seinem Leben. Dabei gibt es Übergangsphasen, in denen sich seine Geschlechtlichkeit noch nicht klar ausgebildet hat, in denen das Kind sich selbst zu verstehen sucht, in denen es experimentiert und oft auch vorübergehende homosexuelle Erfahrungen macht. Das ist normalerweise kein Grund zur Beunruhigung.

Da die Sexualität aber in unserer Gesellschaft immer noch moralisiert und tabuisiert wird, ist es für das heranwachsende Kind oft schwer, eine natürliche und unbefangene Haltung zu ihr zu bekommen beziehungsweise zu behalten. Die meisten Eltern, die selbst eine Sexualität verneinende Erziehung hinter sich haben, sind nicht in der Lage, hier eine gute Führung zu geben. Vielmehr könnten sie von ihren Kindern mehr lernen als diese von ihnen, denn ein Kind — vorausgesetzt, es wurde noch nicht erzieherisch verdorben — geht ja ganz natürlich, unvoreingenommen und „unschuldig" damit um und zeigt ihnen, wie wenig Schlechtes daran ist. Im Grunde ist die Sexualität genauso natürlich wie Essen und Schlafen — warum soll man sie nicht genauso unbefangen betrachten?

So ist es richtig, die Beziehung zum anderen Geschlecht in einer positiven Weise darzustellen, statt sie mit Vorstellungen von Schmutz und Sünde zu verderben. Man braucht nicht zu befürchten, dass das Kind daraufhin zum unersättlichen sexuellen Lüstling wird, wenn man ihm keine hemmenden Schranken einprogrammiert. Im Gegenteil: Gerade aus einer positiven Erwartung heraus wird es sehr viel behutsamer und natürlicher darauf zu- und damit umgehen. Dass sich der Trieb zur sexuellen Vereinigung auch durch Drohung und Verteufelung nicht unterdrücken lässt, hat sich in der gesamten Menschheitsgeschichte hinlänglich gezeigt. Daher ist es sinnvoller und in jeder Hinsicht gesünder, dem Kind Wege zu zeigen, auf denen es seine Geschlechtlichkeit erfreulich erleben kann. Die Eltern könnten ihrem Kind die anatomischen und biologischen Zusammenhänge erklären und ihm zugleich die seelische Bedeutung des intimen Kontaktes vermitteln — immerhin handelt es sich hier um körperliche *Liebe*. Wenn das Kind diese auch nicht aus eigener Erfahrung nachvollziehen kann, entsteht doch ein unterbewusstes Wissen, dass es sich dabei um etwas außergewöhnlich Wertvolles handelt.

Bekanntlich ist es aber in unserer Zivilisation nicht möglich, ein völlig freies Liebesleben zu praktizieren, weil dabei — neben einem eventuellen Krankheitsrisiko — immer noch die *Verantwortung gegenüber einem eventuell gezeugten Kind* im Raume steht. Der/die Jugendliche kann dies durchaus verstehen und sich *selbstverantwortlich* danach richten. Vor allem die Mädchen sollten wissen, dass sie die „Hüterinnen des Lebens" sind und dass mit diesem Privileg auch große Verantwortung verbunden ist, die sie an keinen Mann delegieren können.

Diese Tatsache darf allerdings nicht dazu missbraucht werden, durch eine von Angst geprägte Moral ihre Sexualität und Liebesfähigkeit zu blockieren. Sie sollen — natürlich gilt dies auch für Jungen — fähig bleiben, einem geliebten Menschen auch körperlich zu begegnen und sich ihm mit allem Gefühl hinzugeben .

Neben der körperlichen und psychologischen hat der Unterschied zwischen den Geschlechtern auch noch eine soziale Bedeutung, die großen Einfluss auf Selbstwertgefühl und Liebesfähigkeit des Kindes haben kann. Wenn nämlich ein Mädchen oft signalisiert bekommt, dass es „nur" weiblichen Geschlechtes sei oder dass man eigentlich lieber einen Jungen gehabt hätte, wenn es sieht, dass der Bruder Rechte hat, die ihr verwehrt werden, oder dass er von der Mutter (weil er ein Mann ist) mehr geliebt wird, kann es vorkommen, dass sie ihr eigenes Geschlecht für minderwertig hält und es — mehr oder weniger bewusst — ablehnt. Die Jungen haben es scheinbar besser, denn sie sehen sich gegenüber den Mädchen höher geschätzt und bauen darauf oft einen Teil ihres Selbstwertgefühls auf. Da dieses aber nicht auf einer eigenständigen Qualität, sondern auf dem Unterschied zum vermeintlich minderwertigen Mädchen beruht, taugt es nicht viel und hindert sie daran, ihre eigentliche menschliche Qualität zu erfahren.

Wenn sowohl seitens der Mädchen als auch der Jungen ihr jeweiliges gesellschaftliches Rollenverhalten in die Liebesbeziehung eingebracht wird, kann keine echte Liebesbeziehung entstehen, in der sich das Wunder Frau mit dem Wunder Mann vereinigt und in der der Mann der Frau und die Frau dem Mann nackt und unmittelbar begegnet. Die Eltern sollten daher sehr genau darauf achten, jedem ihrer Kinder die ihm zustehende Achtung entgegenzubringen, und keine geschlechtliche Diskriminierung zulassen.

Die Entwicklung des Kindes

Der Säugling

Wenn ein Kind auf die Welt kommt, ist es von sich aus noch nicht lebensfähig, es benötigt deshalb ein Höchstmaß an Zuwendung und Liebe. Seine Sinnesorgane sind noch nicht richtig ausgebildet, es kann sich nicht selbständig fortbewegen, kann nicht bewusst kommunizieren. Die meisten Wahrnehmungen müssen erst durch die Lebenserfahrung einen Sinn bekommen. Im ersten Lebensjahr durchläuft das Kind die wesentlichen Entwicklungsstufen zur Lebensfähigkeit und besitzt normalerweise am Anfang des zweiten Jahres bereits eine gewisse Selbständigkeit: Es kann sprechen und beginnt zu laufen (mit circa 11 Monaten kann es bereits stehen).

Das Kleinkind

Im Kleinkindalter — bis das Kind mit drei bis vier Jahren in den Kindergarten kommt — wird es immer selbständiger und unabhängiger. Sein Leben ist eine ununterbrochene freiwillige Übung, in die man sich nicht mit Hilfestellungen oder Anweisungen einmischen sollte, im Gegenteil: Je mehr das Kind aus eigenem Antrieb und in eigener Regie tun darf, desto schneller entwickelt es seine Fähigkeiten und desto selbständiger wird es. Jede neue, selbst eingeübte Fertigkeit bedeutet ein Erfolgserlebnis und erfüllt es mit Befriedigung und Stolz. Wie zufrieden ist ein Kind, wenn es wieder etwas Neues gelernt hat, zum Beispiel einen Schuh zuzubinden! Es bemüht sich ernsthaft darum und will und darf dabei nicht gestört werden.

Parallel zur körperlichen Entwicklung nimmt seine geistige Kapazität schnell zu. Mit eineinhalb Jahren besteht sein Wortschatz aus 10-20 Wörtern, mit drei Jahren kann es fließend sprechen, mit dreieinhalb kommt eine Phase, in der es eventuell vorübergehend stottert, mit vier Jahren erzählt es Geschichten und spricht mit fünf Jahren einigermaßen richtig. Es ist einleuchtend, dass es diese kommunikativen Fähigkeiten umso besser lernt, je mehr Gelegenheit es dazu bekommt.

Die Beziehung zur Mutter wird bewusster und intensiver. Sie ist in dieser Zeit, in der es sich in die Welt hinaus orientiert, Zuflucht und Trost, das sichere Nest, in das es jederzeit zurückfliehen kann. Im Laufe des zweiten Lebensjahres nimmt seine Zuneigung zur Mutter zu, während es mit anderen Kindern oder mit Tieren oft roh umgehen kann (Schlagen, Treten, Beißen). Mit zweieinhalb Jahren treten Eifersüchte auf jüngere Geschwister, Angriffe gegen andere Kinder und eine Tendenz zu Zeremonien (auch in Kussform) auf, mit drei Jahren lässt die körperliche Aggressivität nach und freundlicheres Verhalten setzt sich durch. Wie stark sich diese typischen „asozialen" Verhaltensweisen ausprägen, hängt auch davon ab, wie es behandelt wird und welcher Geist in der Familie herrscht. Wenn es Aggressivität oder Unterdrückung als Normalität erlebt, so wird es nicht nur keine entsprechenden Widerstände dagegen entwickeln, sondern sie mehr oder weniger auch selbst in sein Verhaltensrepertoire aufnehmen.

Ab etwa drei Jahren ist der Besuch eines Kindergartens möglich und günstig, weil es sich jetzt mehr und mehr nach außen orientiert. In diese Zeit fällt auch die so genannte Trotzphase, in der es beginnt, mehr Eigenständigkeit zu entwickeln. Reagieren Sie darauf elastisch und verständnisvoll und versuchen Sie auf keinen Fall, seinen Willen zu brechen — denn den will es ja jetzt entwickeln. Man muss immer bedenken, dass das kleine Kind nicht aus bewusstem Vorsatz handelt, sondern aus einem inneren biologischen Antrieb, der in seiner Entwicklung einen Sinn hat.

In diesem Alter beginnt jedes Kind auf seine Weise die Welt zu erkunden, es kann ja jetzt laufen und sich selbständig irgendwohin begeben, seinen Aktionskreis nach eigenen Wünschen gestalten. Es kann auch immer besser sprechen, kommunizieren — die Welt und die Menschen werden zu Faktoren, mit denen es sich auseinander setzt. Natürlich erweitert es dabei seine Beziehungen, nimmt Kontakt zu anderen Kindern auf, beginnt ein gewisses Eigenleben. Jetzt haben die Eltern die größte Freude an ihm, weil sich die werdende Persönlichkeit in einer sehr natürlichen und unverdorbenen Weise herausbildet und das Kind voll positiver Erwartungen und mit großer Offenheit auf die Menschen zugeht.

Sensible Phasen

Ein gesundes Kind ist ständig damit beschäftigt, seinen geistigen Horizont und seinen persönlichen Bewegungsradius zu erweitern. Das ist übrigens bei uns "Erwachsenen" nicht anders, auch wir lernen ja jeden Tag etwas dazu. Diese Lernprozesse verlaufen sehr individuell und lassen sich kaum vorherplanen. In welchem Umfang und in welcher Hinsicht sie stattfinden, bestimmt unser innerer, unterbewusster Mensch. Sobald wir für einen bestimmten Wachstumsschritt beziehungsweise ein Lebensthema reif geworden sind, öffnet sich unser Bewusstsein dafür, sei es dadurch, dass wir darauf aufmerksam und neugierig werden, sei es, dass es sich uns als Problem entgegenstellt. In diesen besonderen, „sensiblen Phasen" findet der größte Teil unserer Persönlichkeitsentwicklung statt, sind wir für den betreffenden Lerninhalt ganz offen und empfänglich.

Das ist beim Kleinkind zum Beispiel jene Zeit, in der es zu hören, zu sehen, zu sprechen und zu gehen lernt. Später ist es dann die bewusste soziale Kontaktaufnahme und die Entdeckung der Sexualität. Auch der Eintritt in den Kindergarten und die Schule, die Pubertät, die Gründung der eigenen Familie, die Integration in die soziale Hierarchie, die Schicksalsschläge, das Klimakterium und das Altern sind solche Phasen, in denen der

Mensch besonders sensibel und empfänglich für eine bestimmte Lebensrealität ist, in denen sich seine Beziehung zur Welt ändert und sich sein Bewusstsein erweitert. beziehungsweise verändert

Wenn die sensible Phase gut und harmonisch verläuft, erwirbt das Kind die ihr zugeordnete Fähigkeit optimal, während diese sich, wenn es dabei gestört oder behindert wird, nur eingeschränkt entwickelt und von unguten Gefühlen begleitet wird. Sicher erinnern Sie sich selbst an ähnliche Situationen: wie Sie sich mit Begeisterung und Offenheit auf irgendetwas Neues „stürzten" und wie Sie nach kurzer Zeit den Spaß daran verloren, weil man Sie auslachte, kritisierte oder irgendwie sonst behinderte. Solche unerfreulichen Erlebnisse hat ein Kind oft. Je sensibler es ist, desto tiefer wird es davon getroffen und blockiert, nicht nur in Bezug auf die betreffende Thematik, sondern auch in seinem ganzen Selbstvertrauen.

Dabei kann es in einen Teufelskreis geraten: Sein reduziertes Selbstvertrauen führt dazu, dass es sich zu wenig zutraut; deshalb hat es kaum Erfolg, und dies wiederum verstärkt sein Minderwertigkeits- oder Unfähigkeitsgefühl. Wird zum Beispiel ein Kind in jener Zeit, in der es sprechen lernt, oft durch ungeschicktes Verhalten seiner „Ansprechpartner" frustriert, die es in seinen unbeholfenen Versuchen nicht ernst nehmen oder auslachen, so kann es einen Teil seiner Freude daran verlieren und Probleme mit dem Sprechen bekommen. Ähnliches gilt für die Phase, in der das Kind von sich aus beginnt, die Windeln abzulehnen und selbständig die Toilette aufzusuchen. Einmischung oder psychischer Druck (durch zu akzentuiertes Lob oder durch Kritik) kann diesen wichtigen Umstellungsprozess, bei dem viele körperliche und psychische Faktoren mitspielen, stören und eventuell langanhaltende Probleme mit der „Stubenreinheit" erzeugen.

Alle wichtigen Umstellungs- und Entwicklungsphasen haben ihren eigenen Rhythmus; man sollte an ihnen nicht herummanipulieren. Eine Blume kann man auch nicht mit Gewalt zum Blühen bringen — man kann nur günstige Bedingungen schaffen und auf den Augenblick warten, an dem alle mitwirkenden Faktoren zusammenpassen.

Gehen Sie deshalb, wenn möglich, immer auf das ein, was Ihr Kind momentan am meisten interessiert. Eigentlich erwartet es von Ihnen, dass die betreffende Thematik für Sie ebenso wichtig ist und dass Sie sie mit ihm „durchspielen".

Das Kindergarten- und Schulkind

Mit zunehmendem Alter wächst das Bedürfnis nach Kontakten. Im Kindergarten lernt das Kind andere Menschen und deren Eigenarten kennen. Dadurch erweitert sich sein geistiger Horizont erheblich. Zudem vertieft sich jetzt die Erfahrung — teilweise wurde sie schon im Umgang mit Geschwistern gemacht —, dass andere Menschen eigene Bereiche haben, die es respektieren, und dass es eine Ordnung gibt, in die es sich einfügen muss. Eine große Rolle spielen dabei die Erzieher/innen, die das Kind mit sanfter Hand zu einer neuen äußeren und sozialen Ordnung anleiten, wobei sie seine eigene Art als Ausdruck seiner Individualität berücksichtigen sollten.

Normalerweise gehen Kinder mit Freude und Interesse an diesen „Arbeitsplatz". Deshalb wäre es ein warnendes Zeichen, wenn Ihr Kind nicht mehr gern in den Kindergarten ginge. Der Grund dafür könnten Erzieher/innen sein, die es nicht gut beziehungsweise nicht richtig behandeln, oder andere, sich asozial verhaltende Kinder, die vielleicht aus einem problematischen Milieu kommen. Wenn sich solche Umstände nicht ändern lassen, kann es unumgänglich werden, den Kindergarten zu wechseln. Manchmal genügt einfach eine Pause. Natürlich könnte das Problem auch bei Ihrem Kind selbst liegen, das sich nicht einordnen kann oder zu ängstlich ist. Dann wäre eventuell eine kinderpsychologische Therapie erforderlich, um Probleme in seiner sozialen Entwicklung zu verhindern. Sie könnten es auch mit der *Bach-Blüten-Therapie* versuchen, die bei Kindern oft sehr erfolgreich ist (-> „Heile dein Kind mit Bach-

Blüten").

Der Eintritt in die Schule bedeutet einen weiteren Fortschritt in der sozialen Eingliederung. Nun beginnt schon der Ernst des Lebens, weil das Kind sich nicht nur in eine strengere Ordnung einfügen, sondern auch Leistung erbringen muss. Aber auch hier kann man grundsätzlich davon ausgehen, dass ein Kind daran *interessiert* ist, zu lernen und arbeiten, wenn es ihm Spaß macht. So ist es wichtig, ihm den zu lernenden Stoff möglichst auf spielerische Weise anzubieten und ihm reichlich Gelegenheit zu Erfolgserlebnissen zu verschaffen.

Wenn Sie aber feststellen, dass Ihr Kind nicht mehr gerne lernt oder sich vor der Schule fürchtet, sollten Sie sofort den Grund dafür herauszufinden suchen. Vielleicht ist es ein ungeschicktes Verhalten der Lehrer — in Anbetracht überfüllter Klassen verständlich; dann könnte eine Aussprache helfen, in der Sie mehr Verständnis für Ihr Kind wecken. Eventuell ist auch die Lehrmethode und Schulart nicht geeignet. Es gibt Kinder, die in den normalen, leistungsbetonten Schulen gut mitkommen, aber es gibt auch Kinder, die zarter veranlagt sind und für den harten Konkurrenzdruck nicht geeignet sind, so dass sie eine andere Unterrichtsform brauchen. Man kann oft nur staunen, wie Kinder nach einem solchen Schulwechsel aufblühen.

Schon im Kindergartenalter beginnt das Kind individuelle Freundschaften zu schließen und gezielte Beziehungen aufzunehmen. Dabei gibt es immer wieder die üblichen Komplikationen mit Eifersucht, Missverständnissen und Enttäuschungen, und es wäre gut, dem Kind in solchen Fällen immer eine versöhnliche Erklärung zu geben, damit es lernt, den anderen Menschen nicht nur aus der eigenen Erwartungshaltung zu sehen, sondern auch als eigenständiges Individuum, das ebenfalls Ansprüche hat. Das schließt allerdings nicht aus, dass es, wenn es angegriffen wird, sich auch wehren darf und soll.

Manche Eltern legen großen Wert auf ihre gesellschaftliche Position und neigen dazu, ihre Kinder schon früh auf die soziale Rangordnung zu programmieren. Vielleicht verbieten oder erschweren sie ihren Kindern deshalb den Umgang mit Altersgenossen aus sozial schwächeren Kreisen. Davon ist abzuraten, weil das Kind, wenn es seine Beziehungen nicht „von Mensch zu Mensch" aufnehmen darf, die Fähigkeit herzliche Beziehungen einzugehen teilweise verlieren kann. Später kann es dann immer noch, falls es selbst will, auf gesellschaftliche Kriterien achten. Im Grunde sollte man alles, was aus dem freien, natürlichen Gefühl heraus geschieht, unterstützen, weil darin der seelische Reichtum eines Menschen liegt.

Pubertät

Mit der Pubertät endet die Kindheit. Sie beginnt bei den Mädchen mit etwa 11 bis 12 Jahren und bei den Jungen mit 13 bis 14 Jahren. Das Kind wird geschlechtsreif und entwickelt die äußeren Zeichen seines Geschlechtes. Die Pubertät bedeutet nicht nur eine körperliche, sondern auch eine soziale Umbruchsphase. Das Kind ist — biologisch gesehen — jetzt in der Lage, selbst Kinder zu zeugen und eine eigene Familie zu gründen.

Eigentlich müsste es jetzt den schützenden Kreis der Familie verlassen, von der es alles bekommen hat, was es zum Erreichen dieses Zieles brauchte. Üblicherweise sind in unserer Zivilisation aber die Kinder trotz ihrer körperlichen Reife psychisch noch ziemlich unreif. Es dauert meist noch Jahre, bis sie auf eigenen Beinen stehen können. Ursache dafür können Eltern sein, die ihr Kind nicht konsequent auf die Selbständigkeit vorbereitet haben beziehungsweise es nicht aus ihrer Obhut entlassen, aber auch die komplexen psychischen Zusammenhänge unserer Gesellschaft, die sozialen Strukturen, das Erziehungs- und Schulsystem und die wirtschaftlichen Verhältnisse, die dem Jugendlichen meist erst mit 18 bis 21 Jahren den Erwachsenenstatus einräumen. Dennoch sollte das Kind jetzt, da es in der Pubertät zum Jugendlichen wird, bewusst auf die Selbständigkeit vorbereitet werden, indem man ihm mehr Freiheiten und Rechte gewährt und es zugleich an größere Verantwortung gewöhnt. Es sollte spätestens jetzt ein eigenes „Revier" bekommen (> *Kap. Das Revier).*

Das Wichtigste an der Pubertät ist allerdings die Sexualität, die jetzt zum ernst zu nehmenden und grundlegenden Faktor in seinem Leben wird. In dieser Übergangsphase, die sich über mehrere Jahre hinziehen kann, fühlt sich das Kind sehr verunsichert, weil es merkt, dass es nicht mehr Kind, aber auch noch nicht erwachsen ist, und weil es mit seinem neuen Körpergefühl noch nicht richtig umgehen kann — nicht zuletzt auch wegen der Tabuisierung der Sexualität.

In dieser Phase wäre es gut, wenn Eltern oder Erzieher ihm dadurch zu Hilfe kämen, dass sie es ernst nehmen. Es sollte alles erfahren, was es über das Geschlechtsleben zu wissen gibt — wahrscheinlich besitzt es bereits einige Kenntnisse —, und zwar in einer natürlichen, moralfreien Weise. Von einem unbefangenen Verhältnis zur eigenen Sexualität hängt ganz wesentlich sein Selbstwertgefühl und auch seine Verantwortungsfähigkeit ab. Es ist sicher schädlich für seine Persönlichkeitsentwicklung, wenn ein Jugendlicher im Konflikt zwischen seinem natürlichen Trieb und einer aufgezwungenen und unverständlichen Moral leben muss. Schuldgefühle, Minderwertigkeitsgefühle, Ängste, Unfähigkeit zur Hingabe, Frustrationen, ein neurotisches Ausleben des Triebes oder krankhafte Schamgefühle sind meist die Folge.

Das Kind sollte die Sexualität als etwas ganz Natürliches und Kostbares erfahren — und keineswegs als schmutzig oder sündig. Wichtig ist dabei aber, neben der Erkrankungsgefahr auch auf die große Verantwortung hinzuweisen, die sie mit sich bringt. Denn es besteht ja immer die Gefahr, dass aus einem unbedachten Geschlechtskontakt ungewollt ein Kind entsteht.

Die Familie

Die ideale Familie

Ein Kind braucht ein „warmes Nest", in dem es sich wohl fühlen kann, in dem es Liebe, Nahrung, Schutz und Freude findet. Normalerweise ist dies die Familie mit allem „Drumherum": den materiellen Gegebenheiten, den Angehörigen und nicht zuletzt dem guten Geist, der dort vorherrscht. Sie erhält und festigt sein Urvertrauen, weil sie ihm die Erfahrung vermittelt, dass es die „heile Welt" gibt.

Als Urmodell der menschlichen Gesellschaft bietet sie ihm auch die Möglichkeit, unter „abgepolsterten" Bedingungen soziales Verhalten zu erlernen, das darin besteht, sich ohne Selbstaufgabe in einem begrenzten Lebensraum zu verwirklichen und dabei die Rechte seiner Mitmenschen zu beachten. Hier kann sich das Kind dann üben, anderen mit Freundlichkeit und Toleranz entgegenzukommen, ihre Ansprüche ernst zu nehmen und zugleich die eigenen zu verteidigen, mit dem anderen Geschlecht liebevoll und mit dem gleichen Geschlecht freundschaftlich umzugehen, die Autorität, die von Eltern und älteren Geschwistern repräsentiert wird, anzuerkennen und sie gegenüber den jüngeren auszuüben, Verantwortung zu übernehmen und anderen selbstlos zu helfen, die eigenen Interessen zurückzustecken, sich aber auch im richtigen Maße durchzusetzen, und seine Kräfte in ein gemeinsames Werk einzubringen. So wird das Kind in der familiären Gemeinschaft liebesfähig, kontaktfreudig, umgänglich, tolerant, respektvoll und selbstbewusst, weil es gute und spielerische Rahmenbedingungen für den Umgang mit anderen Menschen findet.

Wenn alles gut geht, ist die Familie das gerne aufgesuchte, harmonische Zuhause. Oft allerdings wird sie zum unangenehmen Ort des Streites oder Zwanges, der Opfer oder des

Verzichtes, der Demütigung oder Unterdrückung. Das ist schade und müsste nicht sein. Denn so viel gehört gar nicht dazu, eine gute familiäre Atmosphäre zu erzeugen: Wir brauchen nur unsere Angehörigen in ihrer Art und ihren Wünschen zu respektieren, ihre Freiheiten nicht unnötig einzuschränken, in unseren Erwartungen und Forderungen nicht nur von uns selbst auszugehen und uns, wenn wir ihnen etwas vorwerfen, zuerst an die eigene Nase zu fassen.

Eigentlich sollte man von einem anderen Familienmitglied nie mehr verlangen, als er/sie freiwillig zu geben bereit ist. „Das geht doch nicht — wenn ich keinen Druck ausübe, tut mein Kind (oder mein/e Partner/in) überhaupt nichts!", werden Sie dagegen vielleicht einwenden. Zweifellos gibt es solche Situationen. Oft aber sind Verweigerung und Widerstand nur die Reaktion auf zu viel Zwang und würden bei mehr Toleranz und Entgegenkommen verschwinden. Auch die Art, *wie* wir unsere Wünsche äußern, spielt eine Rolle — es heißt ja: „Der Ton macht die Musik." Wie auch immer, sicher ist es besser, die Pflicht-und Familienprogramme zu reduzieren und sich auf das zu beschränken, *was wirklich nötig ist,* als die Familienatmosphäre durch Ansprüche (die doch nicht erfüllt werden), Vorwürfe und Streit zu vergiften.

Familienprobleme

Trotz den vielen Vorteilen, die die Familie aufweist, hat sie auch problematische Seiten, die man verstehen und berücksichtigen muss, wenn man dem Kind einen guten Start ins Leben ermöglichen will.

Dazu ist es wichtig sich daran zu erinnern, dass menschliches Sein auf zwei „Ebenen" verläuft: auf der *irdisch-körperlichen* und der *seelisch-geistigen*. Die erste Ebene entspricht dem animalischen Instinktmenschen in uns, der wie ein Tier in freier Wildbahn mit allen möglichen Strategien zu überleben und sich zu entfalten versucht. Da wir meist gelernt haben, ihn zu unterdrücken oder zu verleugnen, ist uns nur selten klar, wie sehr er — zum Beispiel in Form des Besitz-und Machtstrebens, aber auch der Sexualität — unser gesamtes Tun und Lassen bestimmt. Die andere Ebene entspricht unseren höheren menschlichen Qualitäten, die uns über die „primitive" Natur erheben: Bewusstheit, Ich-Erkenntnis, Moral, Religion, Ethik, Verantwortung usw. Von ihr aus können wir das wilde Tier zähmen, die Rechte und Bedürfnisse anderer anerkennen und bei Bedarf liebevollen Verzicht leisten. Weder die eine noch die andere Ebene allein ermöglicht es uns, ein sinnvolles, erfülltes und wohltätiges Leben zu führen — das gelingt erst, wenn beide im richtigen Verhältnis zusammenwirken. So müssen wir nicht nur edel, sondern auch primitiv, nicht nur gewalttätig, sondern auch hilfsbereit, nicht nur selbstlos, sondern auch egoistisch sein.

Die meisten familiären Probleme entstehen dadurch, dass die irdisch-körperliche Ebene nicht genügend berücksichtigt wird, die animalischen Bedürfnisse — Überleben, Macht, Sex — nicht befriedigt und grundlegende Instinktgesetze missachtet werden. Würden wir bewusster mit unseren Basisinstinkten umgehen und sie weder zu sehr unterdrücken noch zu sehr betonen, könnte unser soziales Zusammenleben wesentlich besser funktionieren.

Der Überlebenskampf

Jedes Lebewesen — Mensch wie Tier — befindet sich vom ersten Augenblick seines Daseins an in einem ununterbrochenen Konkurrenz- und Überlebenskampf, weil in unserer Welt ein begrenzter Raum unter einer ständig zunehmenden Anzahl von Lebewesen aufgeteilt werden muss, die alle wachsen und sich verwirklichen wollen. Wir müssen zusehen, dass wir bekommen, was wir zum Leben und zur Selbstverwirklichung brauchen, und notfalls darum kämpfen. Es ist wie im Dschungel: Wer genügend Bananen bekommt, überlebt. Die „Banane" — das ist für das Kind zum Beispiel die Nahrung, die Liebe, der Platz bei der Mutter, und für den Erwachsenen außerdem noch der Vorteil, der/die Partner/in, der Lebensraum, der Besitz, das Ansehen, die Macht. Wenn wir davon so viel bekommen, wie wir brauchen, geht es uns gut. Dann können wir so werden, wie wir veranlagt sind, und das tun, was wir wollen — wir können uns verwirklichen. Also versuchen wir, möglichst viele „Bananen" zu ergattern, und schrecken notfalls nicht davor zurück, sie einem anderen wegzunehmen.

Betrachten wir es einmal ehrlich: Wenn es uns um ein wichtiges Bedürfnis geht oder wenn wir ernstlich bedroht werden, erwacht eine Art Raubtier in uns, das sich nimmt, was es braucht oder will, und seine Konkurrenten oder Feinde bekämpft. Dies ist uns nur oft nicht bewusst, weil wir dabei meist „zivilisiert" vorgehen, das heißt: Wir kämpfen nicht nur subtiler und raffinierter, sondern verstehen es auch, unser Handeln moralisch zu rechtfertigen, indem wir alles, was uns passt, für gut erklären, und das, was uns hinderlich oder schädlich ist, für schlecht.

Dieses natürliche und „wilde" Konkurrenzverhalten kann zwar nicht aus der Welt geschafft, aber doch durch eine gute Behandlung des Kindes humanisiert werden. Denn positive Erfahrungen und günstige Lebensbedingungen in den ersten Lebensjahren verhindern, dass sich in der kindlichen Psyche Bedrohungsgefühle, Feindbilder und Aggressionen festsetzen.

Kinder, deren Grundbedürfnisse — neben Nahrung und Platz ist dies vor allem die liebevolle Zuwendung der Mutter oder Bezugsperson — ausreichend gestillt werden, leben aus einem Gefühl der Sicherheit und Zufriedenheit. Da ihnen nichts Wesentliches fehlt, sind sie friedlich, freundlich und verträglich. Kommen sie aber zu kurz, so beginnen auch sie instinktiv, ums Überleben zu kämpfen.

In solchen Situationen zeigt sich, dass ein Kind kein „unschuldiges" Wesen im Sinne der idealistischen Romantiker ist, sondern sich trotz seiner Hilflosigkeit effektiv und rücksichtslos durchsetzen kann. Zwei unterschiedliche Strategien lassen sich dabei beobachten: einerseits Mitleid erweckende Schutzbedürftigkeit, andererseits fordernde Rücksichtslosigkeit. Im ersten Falle nimmt das Kind eine betont hilfsbedürftige, schwache oder jämmerliche Haltung ein, so dass niemand ihm die Erfüllung seiner Wünsche verweigern kann. Manchmal entwickelt es zu diesem Zweck sogar eine Krankheit, die seine Bezugsperson zu mehr Zuwendung und Aufmerksamkeit zwingt. (Denken Sie an diese Möglichkeit, wenn Ihr Kind ohne gleich erkennbare Ursache krank wird — dann heißt es: Liebe ist die beste Medizin.) Im zweiten Fall erzwingt es seinen Willen durch „rücksichtsloses" Fordern, zum Beispiel durch wütendes Geheul oder ununterbrochenes Drängen oder auch, indem es irgendwelche „Untaten" verübt, von denen es weiß, dass sie die Aufmerksamkeit der Eltern erregen.

Das „Revier"

Viele Schwierigkeiten im familiären Zusammenleben entstehen aus dem instinktiven Bedürfnis der Mitglieder nach einem Bereich, in dem sie sich ungehindert entfalten können und in dem sonst niemand etwas zu suchen hat. Wir wollen ihn in Anlehnung an das Tierreich „Revier" nennen. Denn genau wie beim Tier hängen unser Überleben und unser Wohlergehen davon ab, dass uns genügend materieller und sozialer Lebensraum zur Verfügung steht — er ist bei uns nur etwas differenzierter und „zivilisierter". Vom Prinzip her gesehen besteht aber kein wesentlicher Unterschied zwischen einem Hund, der sein Revier durch „Bäumebepinkeln" markiert oder es wütend gegen Eindringlinge verteidigt, und einem Menschen, der einen Zaun um seinen Besitz zieht, eine gesellschaftliche Stellung beansprucht oder seine Konkurrenten „auf ihren Platz" verweist. Meist geht es uns, wenn wir an andere Menschen Ansprüche stellen oder uns gegen ihre Übergriffe wehren, um unser Revier, das heißt um Überlebens- und Entfaltungschancen. Besonders deutlich wird dies im Sexualleben, wo wir nicht nur werben und erobern, sondern auch eifersüchtig unseren „Besitz" am Fremdgehen — das heißt am Verlassen unseres Reviers — zu hindern und jeden Eindringling zu verjagen versuchen.

Wie stark diese Revieransprüche sind, hängt von der individuellen Veranlagung ab: Während dem einen Kind sein Bett genügt, beansprucht das andere das ganze Zimmer, während sich das eine bescheiden mit einer kleinen Anerkennung begnügt, verlangt das andere nach demonstrativen Belobigungen, und während das eine sich die Mutter problemlos mit Geschwistern teilen kann, will das andere sie ganz für sich allein. Daher sollte sich auch die elterliche Zuwendung am Bedarf des Kindes orientieren. Wenn das Kind so viel bekommt, *wie es selbst beansprucht,* gibt es keine schweren Komplikationen. Die Liebe „gerecht" auf alle Kinder zu verteilen ist unmöglich, weil sie kein objektiv messbarer Gegenstand ist; vielmehr geht es darum, jedem Kind gerecht zu werden, indem man sich an *seinem* persönlichen Bedürfnis orientiert.

Auch das kleine Kind erobert sich ein Revier und verteidigt es mit allen ihm zur Verfügung stehenden Mitteln: zum Beispiel den Platz im Bett der Mutter oder ein bestimmtes Spielzeug („Das ist meins!") oder eine Ecke in der Wohnung, aus der es die anderen vertreibt. Es gibt unzählige Revieransprüche, und worin auch immer sie bestehen, sie sind Bestandteil unserer Lebensmotivation und müssen gerade bei kleinen Kindern großzügig respektiert werden.

Beobachten wir einmal, was oft passiert, wenn ein zweites Geschwister geboren wird. Da ist zunächst das erstgeborene Kind, das reichlich Zuwendung und Lebensraum besitzt und sich, so gut es ging, in der Welt, also der Familie, eingerichtet hat. Nun kommt das Neugeborene — sozusagen aus dem Nichts — und nimmt ihm etwas weg: die liebevolle Zuwendung der Mutter, die sich jetzt bevorzugt mit dem Baby beschäftigt, vielleicht auch Essen oder Vorrechte. Da Überleben und Selbstverwirklichung jedes Kindes von diesen Umständen abhängen, wittert das zurückgesetzte erstgeborene Kind instinktiv Gefahr und beginnt sich gegen der Verlust seiner Privilegien zu wehren. Entweder geht es dann aktiv gegen den Eindringling vor, indem es zum Beispiel den Kinderwagen die Treppe hinunterschubst oder vorschlägt, das Geschwister ins Klo zu werfen oder es wieder in das Geschäft, wo es „gekauft" wurde, zurückzubringen. Oder es setzt seine Bezugspersonen gefühlsmäßig unter Druck, entwickelt Verhaltensstörungen oder wird krank. Typisch sind dann Bettnässen, Stottern, asoziales Verhalten, Rückfall in frühkindliches Verhalten oder Ängstlichkeit. Damit versucht es, noch bedürftiger als das Neugeborene zu werden, um dessen Platz zu bekommen (-> *Eifersucht*).

Solche Reaktionen treten allerdings kaum auf, wenn das Kind bis dahin immer bekommen hatte, was es brauchte, und wenn sich die Mutter ihm wie bisher widmet. Sie sollte ihrem erstgeborenen Kind unbedingt die gleiche Zuwendung geben weiterhin wie bisher und ihm, falls es eifersüchtig reagiert, immer wieder demonstrativ zeigen, dass es weiterhin *an erster Stelle* steht.

Das nachgeborene Kind hat dieses Problem nicht, denn es lernt die Welt von vorneherein mit ihrer bestehenden Ordnung kennen. Die Stellung seiner älteren Geschwister ist eine Tatsache und es ordnet sich ganz instinktiv dort ein, wo ihm die Gruppe Platz macht. Auch in der Natur schließt sich das kleinste und jüngste Tier hinten an. Das ältere Geschwister wird ihm freundlich und großzügig entgegenkommen, wenn es sieht, dass ihm nichts weggenommen wird.

Wichtig ist auch, dass sich die Eltern aus den Revierkämpfen ihrer Kinder so weit wie möglich heraushalten, damit sie nicht die natürliche „Hackordnung" stören, in der das ältere Geschwister normalerweise die Führungsrolle hat. Natürlich gibt es auch einmal Situationen, in denen man das jüngere Geschwister gegen das ältere schützen muss. Oft kann man allerdings beobachten, dass das kleinere Kind das größere *herausfordert,* weil es sich der elterlichen Hilfe im Notfall sicher ist. Davor würde es sich hüten, wenn es die Folgen seines Verhaltens selbst tragen müsste.

Das Ausmaß des Revierbedürfnisses ist, wie wir gesehen haben, ausgesprochen subjektiv. Letztlich kann niemand für einen anderen Menschen bestimmen, was und wie viel dieser braucht, und wir müssen uns im Umgang mit Kindern stets an dem von ihnen geäußerten Anspruch, nicht aber an unseren eigenen Maßstäben orientieren. Während Sie vielleicht eine bestimmte organisatorische oder erzieherische Maßnahme, mit der Sie Ihrem Kind ein Recht oder einen Entfaltungsbereich beschneiden, für nicht schwerwiegend halten, können Sie es damit eventuell ungewollt so sehr treffen, dass es schwer erkrankt.

Manche Menschen meinen, man könne das „primitive" Revierverhalten durch Vernunft oder Moral überwinden. Man braucht das aber nur einmal in der Praxis auszuprobieren, um zu erkennen, dass es dabei Grenzen gibt. Wie fänden Sie es zum Beispiel, wenn Ihr Nachbar ohne Erlaubnis Ihre Wohnung betreten, wenn Ihre Schwiegermutter einfach die Führung des Haushalts übernehmen oder Ihr Schwiegervater, ohne Sie zu fragen, Ihr Auto benutzen würde? Zumindest wollen Sie um Erlaubnis gefragt werden, denn die Frage „Darf ich das?" besagt zugleich: „Ich erkenne an, dass dies eigentlich zu deinem Herrschaftsbereich gehört und ich darin keine Rechte habe."

Die Rechte eines anderen Menschen zu achten heißt nichts anderes als sein persönliches Revier zu respektieren. Eltern ist es oft nicht klar, dass ihr Kind ähnliche Revieransprüche und -

bedürfnisse wie sie selbst hat und dass *sein Wohlergehen davon abhängt, ob sie befriedigt werden und man ihm den gebührenden Respekt entgegenbringt.* Wie heißt es so oft: „Ein kleines Kind braucht so was nicht" oder „Sei mit dem zufrieden, was man dir gibt!" Erinnern Sie sich noch an solche Situationen, in denen man einfach über Sie verfügte und Ihnen unmissverständlich zeigte, dass ein Kind noch kein vollwertiger Mensch ist?

Man ahnt kaum, wie viele Persönlichkeitsstörungen und Krankheiten ihren Grund in einer gewaltsamen Beschränkung oder einem Verlust des Reviers in der Kindheit haben. Dabei hängt die Art der Störung von der Veranlagung des Kindes ab. Hat es ein nachgiebiges, eher schwaches Gemüt, so wird dadurch sein Wille geknickt oder gebrochen. Es wird übertrieben angepasst und gehorsam werden, immer schnell aufgeben und nie richtig „bei sich" sein. Besitzt es aber eine Kämpfernatur und einen starken Willen, so wird es in eine dauerhafte Aggressionshaltung kommen, sich stets widersetzen und „schwer erziehbar" werden. Es ist wichtig, diese Verhaltensweisen als Folgen ungeschickter Behandlung zu verstehen, damit man sie dem Kind nicht vorwirft und es durch Ablehnung noch tiefer hineintreibt. Fatal ist daran auch, dass sie meist im späteren Leben fortbestehen, so dass der betreffende Mensch entweder eine Art angepasstes Schattendasein (zum Beispiel als typischer Untergebener mit gebeugter Körperhaltung) führen oder auf jede Autorität übertrieben aggressiv reagieren wird (zum Beispiel als so genannter Gerechtigkeitskämpfer, der sich eigentlich immer noch im Kampf gegen die elterliche Autorität befindet).

Sicher haben Sie beobachtet, wie gut es Ihrem Kind tut, wenn Sie seine Wünsche erfüllen — vorausgesetzt natürlich, dass sie realisierbar und gegenüber den anderen Familienmitgliedern vertretbar sind. Noch ein weiterer positiver Effekt ergibt sich daraus, dass Sie Ihrem Kind Revier und Recht zugestehen: Sie fördern damit seine Toleranz und Großzügigkeit. Denn wer das Gefühl hat genug zu besitzen, kann entspannt und selbstlos davon abgeben. Wer sich aber zu kurz gekommen oder unterprivilegiert fühlt, wird um das Wenige, das er hat, kämpfen, weil — biologisch gesehen — davon ja sein Überleben abhängt.

In der Pubertät werden die Revieransprüche besonders stark, weil das Kind jetzt eigentlich instinktiv darauf eingestellt ist, eine eigene Familie zu gründen. In jenen Kulturen, in denen die Kinder im Familienbereich bleiben und sich dieser durch angeheiratete Schwiegerkinder vergrößert, werden bestimmte Bereiche eingerichtet, in denen die junge Familie für sich sein kann. Früher war es auch üblich, dass der Sohn in die Welt hinauszog, um sich dort ein eigenes Revier und eine Frau zu suchen. Die Tochter dagegen wurde verheiratet, womit auch sie ihren eigenen Herrschaftsbereich bekam (falls sie nicht von der Schwiegermutter unterjocht wurde). In unserer Kultur aber werden die Kinder nicht mit der Pubertät aus dem Familienkreis entlassen, teils weil das Geld fehlt und weil die Erziehungsstrukturen auf ein höheres Alter ausgerichtet sind, teils auch deshalb, weil die Eltern sie aus Überfürsorge, Lebensangst oder egoistischer Liebe nicht freigeben können. Dadurch wird ihre Entwicklung zum selbstverantwortlichen, selbständigen und geschlechtspotenten Menschen behindert und der Prozess des Erwachsenwerdens verzögert (-> *Kap. Pubertät*).

Daher sollte Ihr Kind spätestens mit der Pubertät (eigentlich sobald es darum bittet) einen eigenen Bereich bekommen, in dem niemand sonst etwas zu suchen hat. Es braucht ein eigenes Zimmer — egal, wie klein — oder notfalls einen bestimmten Bereich, der ihm allein gehört. Sie als Vater oder Mutter sollten dieses Revier als „fremdes Territorium" respektieren und darin nichts ohne Rücksprache mit Ihrem Kind unternehmen. Dadurch fördern Sie die Fähigkeit Ihres Kindes, auch später seinen Lebensraum zu beanspruchen und zu verteidigen — zum Beispiel den Arbeitsplatz gegen Konkurrenten oder den Ehepartner gegen die Schwiegereltern.

Natürlich ist Ihr Kind für seinen Bereich verantwortlich, das heißt: Es kann ihn so ordentlich oder unordentlich gestalten, wie es will. Die Eltern sollten ihm sein Zimmer lassen, wie es ihm gefällt, es nicht kontrollieren, nicht unerlaubt hineinplatzen, nicht stören, wenn Freunde zu Besuch sind — kurz: ihr Kind so respektieren, wie sie es selbst gerne hätten. Es soll sich ja jetzt zum/r selbstbewussten „Revierhalter/in" entwickeln.

Keine Angst, es wird ohne Ihre dauernde Kontrolle nicht asozial werden oder unter die Räder kommen, denn falls Sie es liebevoll und respektvoll behandeln, wird es sich immer an Ihrem Rat und Beispiel orientieren — und: mit Gewalt lässt sich sowieso nichts erreichen.

Vielleicht werden Sie dem entgegenhalten, dass diese schönen Vorschläge an der Realität vorbeigehen, weil Ihr Kind sich all Ihren guten Ermahnungen entzieht und grundsätzlich Widerstand leistet, wenn Sie in seinem Leben etwas in Ordnung bringen wollen. Dieser Einwand trifft sicher zu, aber nicht deshalb, weil hier nur unrealisierbare Ideen verbreitet werden, sondern weil Sie vermutlich von einer bereits verfahrenen Situation ausgehen. Wenn Eltern zu ihrem Kind keinen Zugang mehr haben, ist viel schief gegangen und in seiner Psyche einiger Schaden entstanden und man kann nicht erwarten, dass alles sofort und automatisch wieder gut wird, wenn sie ihr Verhalten ändern. Man muss sich darüber klar sein, dass es, wenn das kindliche Vertrauen verloren gegangen ist, vieler liebe- und verständnisvoller, selbstloser und entgegenkommender Schritte seitens der Eltern bedarf, um den Schaden wieder gut zu machen.

In der Seele jedes Kindes ruht wie ein Samen in der Erde der Wunsch nach einem guten Verhältnis zu seinen Eltern, und an ihnen liegt es, die Umstände zu schaffen, unter denen sich daraus die blühende Pflanze entwickeln kann. Der erste Schritt dazu wäre das Eingeständnis, nicht immer recht zu haben, und der zweite bestünde darin, auf das Kind zuzugehen, ohne irgendetwas von ihm zu erwarten. Seien Sie einfach immer offen und verständnisvoll, verurteilen Sie nie, behandeln Sie es als gleichberechtigt und lassen Sie sich auch von ihm sagen, was es an Ihnen auszusetzen hat.

Familiäre Eifersüchte

Bei vielen Familienproblemen spielt die Eifersucht eine wesentliche Rolle. Sie ist an sich ein natürlicher und nützlicher Instinkt, der sich immer einschaltet, wenn die Gefahr droht, dass uns etwas Lebenswichtiges weggenommen wird. Dann warnt sie uns einerseits vor dem Verlust, so dass wir geeignete Gegenmaßnahmen ergreifen können, und aktiviert andererseits aggressive Kräfte, mit deren Hilfe wir uns wehren können (—> *Eifersucht*). Gelingt uns dies nicht, ist die Gefahr nur eingebildet oder nimmt die Eifersucht eine unangemessene Stärke an, so kann sie zerstörerisch werden. Deshalb heißt es auch: „Eifersucht ist eine Leidenschaft, die mit Eifer sucht, was Leiden schafft."

Besonders intensiv pflegt sie beim drohenden Verlust von Zuwendung oder einer Geschlechtsbeziehung zu werden, weil diese so existenziell wichtig sind: die Zuwendung für unser persönliches Überleben und die Sexualität für das Fortbestehen der Art. Beides spielt im Leben des Kindes eine große Rolle.

In der ersten Lebensphase geht es vor allem ums Überleben, das umso mehr gefährdet ist, je weniger Zuwendung das Kind bekommt. Daher reagieren Kinder oft so empfindlich und eifersüchtig, wenn ihnen ein Geschwister vorgezogen wird, und manchmal entsteht daraus eine lebenslange Feindschaft. Besonders häufig leiden hierunter jene Mädchen, deren Bruder von der Mutter mehr geliebt wird als sie.

Mit zunehmendem Alter pflegt sich die kindliche Eifersucht auch auf die andersgeschlechtlichen Familienangehörigen zu beziehen. Oft kann man beobachten, dass die Tochter den Vater und der Sohn die Mutter für sich allein haben wollen und eifersüchtig auf alle „Konkurrenten" reagieren. „Wenn ich mal groß bin, heirate ich die Mama (oder den Papa)!" ist in diesem Zusammenhang eine typische Äußerung.

Die Eifersucht des Sohnes auf den Vater und der Tochter auf die Mutter ist zwar im Grunde natürlich und gefällt vielen Eltern, doch müssen sie vor ihr sehr auf der Hut sein. Sie kann nämlich das Kind dazu treiben, Zwietracht zwischen die Eltern zu säen, indem es zum Beispiel intrigant petzt oder die Eltern irgendwie gegeneinander aufhetzt. Es will ja instinktiv den gleichgeschlechtlichen, konkurrierenden Elternteil verdrängen, um selbst irgendwie dessen Position einnehmen zu können. Auf solche Versuche sollten Sie nie eingehen und sich auch nie mit einem Ihrer Kinder gegen Ihre/n Ehepartner/in verbrüdern. Die Eltern — eine liebevolle Beziehung vorausgesetzt — müssen dem Kind gegenüber eine unzerstörbare Einheit bilden. Selbst wenn Ihr Kind mit seiner Petzerei oder seinen Klagen recht hat, sollten Sie deswegen nie mit ihm gegen Ihre/n Partner/in Partei ergreifen. Denn hier geht es nicht um äußere Tatsachen, sondern um die Gefühlsbeziehungen, und diese haben mit Recht oder Unrecht nichts zu tun, sondern mit Vertrauen, Treue und Zusammenhalten. Ihr/e Partner/in würde sich von Ihnen verraten fühlen, wenn Sie ihn/sie Ihrem Kinde opfern würden.

Auch die Eltern können eifersüchtig auf ihr Kind sein. Oft reagieren die Mütter bzw. die Väter oft — versteckt oder offen — aggressiv, wenn ihr/e Partner/in eine zu enge Beziehung zum Kind unterhält. Sie versuchen diese dann durch kritische und abwertende Bemerkungen oder durch direkte Angriffe zu unterbinden. Beobachten Sie als Frau sich nicht manchmal dabei, dass Sie es „irgendwie unpassend" finden, wenn Ihre Tochter „zu viel" mit ihrem Vater — Ihrem Ehemann! — herumschmust, oder finden Sie als Mann es nicht bedenklich, dass Ihr Sohn so sehr an seiner Mutter — Ihrer Ehefrau! — hängt?

Solche übertrieben engen Beziehungen werden seitens der Eltern oft zur Kompensation einer schlechten Ehe aufgebaut; dann muss das Kind, psychisch gesehen, die Stelle des Ehepartners einnehmen. Aber Vorsicht: Wenn Sie Ihr Kind zu sehr an sich binden, behindern Sie seine psycho-sexuelle Entwicklung. Sehr oft werden Söhne, die von ihren Müttern, und Töchter, die von ihren Vätern gefühlsmäßig stark gebunden werden, unfähig, eine gute eigene Partnerbeziehung einzugehen. Damit ist dann auch schon das Scheitern ihrer Ehe (falls sie sich überhaupt darauf einlassen) vorprogrammiert.

Generationskonflikte

Normalerweise beginnt das Kind mit zunehmendem Alter immer mehr Ansprüche zu stellen. Es verursacht größere Kosten, will ein eigenes Zimmer, das Auto des Vaters oder die Kleider der Mutter — kurz: Je mehr es will und braucht, desto mehr müssen die Eltern „bluten", zurückstecken und verzichten. Da jetzt ihr Beschützertrieb nachlässt, empfinden sie normalerweise die Einschränkung ihrer eigenen Rechte als immer unangenehmer und beginnen sich gegen die Kinder zu wehren oder sie zu unterdrücken. Solche Generationskonflikte, die auf Revieransprüchen beruhen, führen über kurz oder lang dazu, dass das Kind das „Nest" verlässt oder „rausfliegt".

Bei genauem Hinsehen entdecken wir dabei auch einen Kampf um das „Geschlechtsrevier". Mit der erwachenden Sexualität — vor allem in der Pubertät — kommt ja die Eifersucht ins Spiel, da das Kind einerseits mit zunehmendem Alter versteckte Ansprüche auf den gegengeschlechtlichen Elternteil erhebt und andererseits von Tag zu Tag attraktiver und damit „gefährlicher" wird. Dann bekämpft der Vater den Sohn, die Mutter die Tochter nicht nur wegen des sich allgemein verschiebenden Kräfteverhältnisses, sondern auch wegen der zunehmenden sexuellen Konkurrenz. Dies geschieht natürlich nicht offen und ist ihnen meist gar nicht bewusst.

Dabei drücken viele Eltern ihr Kind nieder — zum Beispiel durch abwertende Bemerkungen oder geschickte Demütigungen —, mit dem Ergebnis, dass die Töchter in ihrer Fraulichkeit unterentwickelt bleiben, ihre Periode spät oder schwach bekommen und es nicht wagen, ein erotisches Fluidum zu entfalten, und dass es den Söhnen nicht gelingt, ihre Potenz und sexuelle Ausstrahlung voll zu entwickeln. Gelegentlich gehen Eltern auch dazu über, ihrem Kind mit Hilfe ihrer Erfahrung die Freundin oder den Freund auszuspannen (und sei es nur „platonisch"). Das Kind erlebt dann eventuell frustriert, dass es nicht mithalten kann, weil es noch zu jung, unerfahren und ungeschickt ist, und erleidet in dieser sensiblen Phase, in der es sich in seiner Sexualität zu erleben beginnt, einen entsprechenden Selbstwerteinbruch, während sich Mutter oder Vater zufrieden die Hände reiben.

Je schwächer in ihrer Persönlichkeit die Eltern sind, desto früher und stärker empfinden sie ihre Kinder als gefährliche Konkurrenz und verteidigen ihr relativ kleines Revier durch übertriebene und kleinliche Unterdrückung oder versuchen, sie durch strenge oder verächtliche Behandlung klein zu kriegen. Seelisch reife Eltern dagegen verfügen meist über ein so großes geistiges Revier, dass sie ihren Kindern großzügig etwas von ihren materiellen und sexuellen Besitzständen abgeben und eigene Rechte zugestehen können.

DIE ELTERN

Elternliebe

Die Eltern haben im Leben des Kindes eine so wichtige Schlüsselrolle, dass ihnen die christliche Religion ein eigenes Gebot einräumt. Es heißt: „Du sollst Vater und Mutter ehren, auf dass es dir wohl ergehe und du lange lebest auf Erden." Vordergründig wendet es sich zwar an die Kinder, in Wirklichkeit aber spricht es die Eltern an, da das Kind ja ihr „Produkt" ist. So besagt es eigentlich: *"Du sollst deinem Kinde eine solche Mutter oder ein solcher Vater sein, dass es dich ehren und lieben und in seinem Leben glücklich werden kann."* Die Eltern sind es, die die zarte Pflanze der kindlichen Liebe und Achtung pflegen müssen, damit sie selbst in ihren Genuss kommen. Sie müssen ehrenwert und liebenswürdig sein, auf dass ihr Kind sie ehren und lieben kann.

Aber wie viele erwachsene Menschen gibt es, deren ganzes Leben von der schlechten Behandlung durch ihre Eltern überschattet, deren Partnerschaft oder Ehe zerstört, deren Lebensfreude reduziert, deren Sexualität blockiert, deren Selbstwertgefühl beschädigt, deren Selbständigkeit untergraben wurde! Und dies deshalb, weil ihre Eltern sie lieblos oder zu streng behandelt haben, sie unterdrückt oder gedemütigt haben, sie als ihr Eigentum oder ihre Diener betrachtet haben, ihnen eifersüchtig ihre Liebesbeziehungen blockiert oder sie nicht frei gelassen, ihnen ständig Vorwürfe gemacht, sich ungebeten in ihr Leben eingemischt oder sie vernachlässigt haben.

Statt sich zu beklagen, dass ihr Kind nichts mit ihnen zu tun haben will, ihnen nicht vertraut, sie nicht mehr liebt und ehrt, sollten solche Eltern sich fragen, wieso es sich so verhält. Ein Kind zerschneidet nie freiwillig das Band, das es mit seinen Eltern verbindet. Aber wenn es von ihnen schlecht behandelt wird, bleibt ihm, um als eigenständiger Mensch überleben zu können, nichts anderes übrig, als sich von ihnen zu distanzieren. Untergründig ist dann sein Leben aber von einer tief liegenden Traurigkeit durchsetzt, aus der die unausgesprochene Frage an Mutter oder Vater klingt: „Warum liebst du mich so wenig?" Ja, warum eigentlich? Kann es denn außer Selbstgerechtigkeit oder Selbstsucht, Gefühlsverhärtung oder Intoleranz einen Grund dafür geben, dass Eltern ihr Liebe suchendes Kind zurückweisen?

Gerade in der Beziehung zu ihren Kindern liegt für die Eltern eine der großen Möglichkeiten Glück zu finden. Die bewusste Bereitschaft, für Ihr Kind da zu sein und seinem Wohlergehen zu dienen, wird Sie über die vielen Belastungen, Sorgen und Nöte, mit denen Sie konfrontiert werden, hinwegtragen und Sie in Ihrem innersten Empfinden mit der unerschöpflichen Quelle des Lebens verbinden. Denken Sie nur einmal daran, welche Freude in Ihnen entsteht, wenn Ihr Kind glücklich ist — oder andersherum: wie es Sie bedrückt, wenn es Ihrem Kind nicht gut geht. Denken Sie zurück an jene traurigen Tage in Ihrer eigenen Kindheit, an denen Ihre Beziehung zu Ihren Eltern getrübt war. Denken Sie auch an jene Situationen, in denen es Ihnen nicht gelungen ist, gut zu Ihrem Kind zu sein, in denen Sie es abgelehnt oder schlecht behandelt haben, in denen es Ihnen auf die Nerven ging, weil Sie keine Nerven mehr hatten, in denen Ihnen alles so sehr zu viel war, dass Sie für Ihr Kind nichts mehr übrig hatten: Sind das nicht schwarze Tage in Ihrem Leben, auf die Sie gerne verzichten würden?

Elterliche Partnerliebe

Wenn wir oben sagten: „Ein Kind braucht Mutter und Vater", so müssen wir jetzt noch hinzufügen: *„die einander lieben"*, denn nur aus einer liebevollen oder wenigstens sehr freundschaftlichen Beziehung heraus können sie dem Kind jenes warme Nest geben, in dem es sich ungestört entwickeln,

Vertrauen in die Welt finden und Liebe erfahren kann. Hier stimmt das Wort „Kleine Ursache — große Wirkung" ganz besonders, denn jede/r weiß, wie sehr die unerfreuliche Atmosphäre einer schlechten Elternbeziehung die ganze Biographie des Kindes verderben kann. Für Kinder aus „kaputten" Familien ist es sehr schwer und oft sogar unmöglich, später selbst eine intakte Familie zu gründen.

Auch die Abtreibungsproblematik könnte aus diesem Ansatz heraus besser gelöst werden: nicht allein durch finanzielle oder soziale Unterstützung, sondern in erster Linie durch eine Stärkung des Verantwortungsbewusstseins gegenüber den zu erwartenden Kindern, das die künftige Mutter — natürlich auch den Vater — nach dem/r wirklich richtigen Partner/in suchen lässt und Verlegenheitslösungen unmöglich macht. Eine Frau, die sich in einer guten, liebevollen Beziehung befindet, wird sich (außer aus gesundheitlichen Gründen) nur selten *gezwungen* sehen, das in ihr wachsende Kind abzulehnen.

Wenn es auch den Eltern aus Unreife oder Unwissenheit seinerzeit vielleicht nicht gelungen ist, eine gute Partnerbeziehung einzugehen, so könnten sie doch wenigstens versuchen, ihren eigenen Kindern deren Wichtigkeit klar zu machen, um ihnen den gleichen Leidensweg zu ersparen.

Von der gegenseitigen Liebe der Eltern hängt das Gelingen der Ehe und die Atmosphäre der Familie ab. Sie ist der „heilige Geist", der über die Kinder ausgegossen wird, und das verbindende, versöhnende Element, das ihnen hilft, die vielen, normalen familiären Probleme und Belastungen zu lösen und zu ertragen. Die Partnerliebe ist auch die Voraussetzung für eine gute sexuelle Beziehung, die ihrerseits wieder die Beziehung lebendig hält. Nicht umsonst spricht man von „körperlicher Liebe", denn ohne Zuneigung gibt es höchstens „Sex", nicht aber jenes tief empfundene Verbundenheitsgefühl, das die Partner in der körperlichen Vereinigung füreinander aufschließt. Die Partnerliebe ist so wertvoll, dass man sich — zumindest solange die Kinder klein sind — immer bemühen sollte, sie lebendig zu halten und vor Verfall zu bewahren. Daher lohnt sich meist der Versuch, eine erkaltete Partnerbeziehung, die früher einmal gut war, zu reaktivieren. Meist sind nur mehr Toleranz, Ehrlichkeit, guter Wille und Versöhnlichkeit auf beiden Seiten erforderlich. Im Grunde braucht man nur den/die Partner/in so zu behandeln, wie man es selbst haben möchte: mit Liebe, Achtung und Verständnis.

Die Aufgaben der Eltern

Die Bedeutung der Eltern besteht in vier großen Funktionen: *Geben, Schützen, Führen, Erziehen.*

Geben

Die Beziehung zu den Eltern ist für jeden Menschen so elementar, dass er sie auch im Erwachsenenalter gefühlsmäßig nie ganz aus seinem kleinkindlichen Anspruch entlässt. Das Kind in ihm will von ihnen geliebt und verstanden, in der Not auch getröstet und unterstützt werden. In welchem Alter er sich auch immer befindet: Er verliert den Eltern gegenüber nie das Gefühl, Kind zu sein, wie auch die Eltern ihr Kind immer in der Kinderrolle sehen. Später, wenn das Kind dann ein eigenes Kind hat, geht es diesem gegenüber zwar in die gebende Elternrolle, empfindet sich aber gleichzeitig weiterhin als das Kind seiner eigenen Eltern.

Da das kleine Kind ganz von der Zuwendung und Fürsorge seiner Eltern (oder Bezugspersonen) abhängt, besteht deren wichtigste und natürlichste Funktion darin, ihm bedingungslos alles zu geben, was es braucht. Diese Funktion behalten sie, solange ihr Kind lebt, und zwar jeweils entsprechend seiner Bedürftigkeit. Hat das Kind in der entscheidenden ersten Lebensphase genug bekommen, so braucht es später seine Eltern kaum noch, ist es aber zu kurz gekommen, verfolgt es sie eventuell lebenslang mit seinen Ansprüchen und Hilferufen. Deshalb ist es so überaus wichtig, sich dem Kind in den ersten Lebensjahren ganz zuzuwenden und darauf zu achten, dass es keinen Mangel erleidet — weder körperlich noch seelisch.

Besonders die Mutter ist normalerweise immer für das Kind da und bereit, ihm, ohne an sich selbst zu denken, alles zur Verfügung zu stellen, was es braucht. Muttersein ist daher ein echter *Full-Time-Job* und ein ernst zu nehmender Beruf, denn die Devise der Kinder heißt: „Ich will alles und zwar sofort!"

Vor allem gilt dies für das Stillen, bei dem die Liebe der Mutter sehr intensiv — in Form von Muttermilch, Zärtlichkeit, Wärme, Hingabe — zum Kind fließt. Es ist eine der wichtigsten und elementaren Gebe-Funktionen der Mutter, fordert aber oft sehr viel aufopfernde Liebe von ihr, da das Kind *immer,* wenn es danach verlangt, und *so lange,* wie es jeweils will, die Brust bekommen sollte. (Vorausgesetzt natürlich, dass die Mutter genügend Kraft und Milch dazu hat.) Nur das Kind darf den Rhythmus seiner Nahrungsaufnahme bestimmen, nicht aber irgendwelche Zeitpläne, denn es *stillt* dabei auch sein Kontakt- und Liebesbedürfnis. Sagt man nicht sogar vom erwachsenen Menschen: „Die Liebe geht durch den Magen."?

Der unermüdliche, selbstlose Einsatz der Mutter (manchmal auch des Vaters) hat natürlich irgendwo seine Grenzen. Diese sind da erreicht, wo die Selbstlosigkeit zur Selbstaufgabe wird. Deshalb kommt jetzt möglicherweise der Einwand: „Aber wo bleiben denn bei dieser uneingeschränkten Hingabe an mein Kind meine persönlichen Rechte? Ich bin doch nicht nur ein Elterntier, sondern auch ein Mensch mit eigenen Bedürfnissen!" Da dies zweifellos stimmt, hilft hier nur ein bewusster Kompromiss, in dem man alles gibt, was man geben kann, und gleichzeitig darauf achtet, dass man sich dabei nicht verausgabt. Es ist aber bekannt, dass die Eltern gerade dadurch, dass sie sich willig und so weit wie möglich ihrem Kind zur Verfügung stellen, mehr persönlichen Freiraum bekommen, als wenn sie ihre „Elternpflicht" nur widerstrebend und ungenügend erfüllen. Denn ein Kind, dessen Grundbedürfnisse voll befriedigt werden, ist angenehmer und selbständiger als eines, das nur halbherzig abgespeist wird.

Je mehr am Anfang in das Kind „investiert" wird, desto mehr kommt schließlich heraus, und (um bei diesem wirtschaftlichen Vergleich zu bleiben) desto weniger muss man später nachschießen und nachbessern. Meist sind es jene Kinder, bei denen man in den ersten Lebensjahren an Zuwendung und Aufmerksamkeit gespart hat, die Probleme beim Start ins eigene Leben haben und sich oft nicht richtig von ihren Eltern lösen können. Auch in den Misserfolgen oder „Untaten" vieler so genannter Sorgenkinder drückt sich der unbewusste und unausgesprochene Wunsch danach aus, beachtet und endlich einmal ganz angenommen zu werden.

Abgesehen hiervon werden die eventuellen Mühen und Belastungen der Eltern auch durch die tiefe Befriedigung aufgewogen, die die bereitwillige „Brutpflege" auslöst, weil sie ein natürlicher Instinkt ist und — vielleicht nur unbewusst — den Kontakt zu den Wurzeln menschlichen Seins herstellt. Die Sorgen und die Ängste, die Anstrengungen und den Ärger, die die Kinder ihren Eltern bereiten können, gleichen sie durch ihre Freude, ihr Vertrauen, ihre Offenheit, ihren Optimismus, ihr Gedeihen bei weitem wieder aus — und durch das Wunder der Schöpfung, das durch sie hindurchschimmert. Das ist vielleicht etwas romantisch ausgedrückt und möglicherweise werden Sie einwenden, dass die Wirklichkeit bei Ihnen ganz anders aussieht. Trotzdem wird — vielleicht im hinteren Winkel Ihres Inneren — irgendein Teil von Ihnen verstehen, was damit gemeint ist. Und eventuell führt dies dazu, dass Sie die Schwerpunkte in Ihrem Leben ein bisschen verschieben und sich selbst mehr Freude gönnen, indem Sie Ihrem Kind mehr Freude geben.

Da das Kind seine Wünsche oft nur verschlüsselt, zum Beispiel durch Verhalten und Körpersprache, mitteilen kann, müssen ihm die Eltern diese sozusagen vom Mund ablesen. Ein Kind, das ein Bedürfnis nach Nahrung und/oder Zuwendung hat, das also zum Beispiel gestillt werden möchte, kann seine

Mutter ja nicht mit wohlgesetzten Worten darum bitten, sondern benutzt das Repertoire seiner Ausdrucksmöglichkeiten, das im Wesentlichen in Unruhe, unartikulierten Lauten, einem unzufriedenen Gesichtsausdruck, Wimmern, Weinen oder Schreien besteht. Es lohnt sich, gleich darauf einzugehen, denn Ihr Kind wird nicht ruhiger, wenn Sie es ignorieren — im Gegenteil: Die Unruhe steigert sich zum Geschrei oder eventuell zu einer Krankheit. Im Grunde geht es immer nur darum, sich am Bedürfnis und Verhalten des Kindes zu orientieren und sich ihm „auf Abruf' zur Verfügung zu stellen, wie eine Quelle, die jedem so viel Wasser spendet, wie er möchte. Im Prinzip weiß es, was es braucht; zwingen Sie ihm nichts auf, bieten Sie ihm immer nur freilassend an.

Manchmal können Eltern *trotz bestem Willen* ihrem Kind nicht alles geben, was es braucht. Das ist zwar sehr bedauerlich, weil das Kind dadurch eventuell in einem Mangelzustand aufwachsen muss, darf aber kein Anlass zu Schuldgefühlen sein. Wer will Ihnen Vorwürfe machen, wenn Sie alles gegeben haben, was Sie konnten? In unserem Leben ist nun einmal vieles nicht ideal und unser Schicksal schickt uns immer wieder einmal Probleme oder Leiden, damit wir einerseits unsere Lebenskraft und -kunst weiterentwickeln und andererseits lernen, uns hineinzugeben. Oft erkennen wir erst viel später, welchen Sinn eine bestimmte Schwierigkeit, eine Krankheit oder eine Katastrophe hatte und welche persönlichen Fortschritte wir dadurch gemacht haben. Jeder Mensch, jedes Kind hat sein Schicksal, von dem es unter oft nicht zu begreifenden und schwer zu akzeptierenden Umständen auf seinen persönlichen Lebensweg geschickt wird.

Beschützen

Da das kleine Kind nicht aus eigener Kraft überleben kann, stellt die Natur die Erwachsenen — vor allem natürlich die Eltern — durch den *Beschützerinstinkt* in seinen Dienst. Seine

Schutzbedürftigkeit ruft bei ihnen die Bereitschaft hervor, ihm zu helfen, es zu trösten, es zu schützen, sich selbstlos um es zu kümmern und sich notfalls sogar zu opfern. Jede Gefahr, die ihm droht, erweckt in ihnen eine instinktive Wachsamkeit und Angriffsbereitschaft. Um ihr Kind zu schützen, werden selbst ängstliche Mütter aggressiv und es ist rührend, welch zarte Hilfsbereitschaft manchmal ruppige Männer angesichts eines jämmerlich weinenden Kindes entwickeln.

Einen anderen Menschen zu schützen ist aber nur sinnvoll, wenn er auch schutzbedürftig ist, und auch dann sollte man sich nach erfolgter Unterstützung sogleich wieder zurückziehen, um ihm seine Selbständigkeit zu lassen. Dennoch kommt es oft vor, dass Eltern ihren Kindern ohne echte Notwendigkeit zu Hilfe kommen, sei es, weil es ihnen gefällt, sich in der starken Rolle des Beschützers zu fühlen, oder weil sie überängstlich sind. Dem Kind aber tut das nicht gut, weil es dadurch abhängig und hilfsbedürftig bleibt.

Greifen Sie deshalb nur dann helfend ein, wenn es wirklich unumgänglich ist. Kinder sind nicht so dumm und ungeschickt, wie wir oft annehmen — sie werden höchstens von überbesorgten Eltern, die ihnen die wichtigen Erfahrungen vorenthalten, dazu gemacht. Wenn man sie ihrer instinktiven inneren Führung überlässt, entwickeln sie eine erstaunliche Vorsicht und Sicherheit im Umgang mit Dingen, die sie noch nicht kennen.

Im Übrigen schadet es auch nichts, wenn ein Kind einmal in Schwierigkeiten gerät — dadurch lernt es Probleme zu lösen, sich in der Welt zurechtzufinden und seine eigenen Grenzen zu beachten. Um alles kennen zu lernen, muss es ja alles ausprobieren, und die kleinen Unfälle, die dabei passieren können, sind wichtige Erfahrungen im Kleinen, die das Kind dann später auf sein Leben überträgt. Die Fähigkeit, in kritischen Situationen adäquat zu reagieren oder Gefahren richtig einzuschätzen, muss es so früh wie möglich aus praktischer Erfahrung erwerben. Zum Glück haben in der kindlichen Welt Fehler meist nicht so ernste Folgen wie in der Welt der Erwachsenen.

Ohnehin sollte man einem Kind bei seiner Entwicklung größtmögliche Freiheit lassen. Halten Sie lediglich eine gewisse Oberaufsicht und mischen Sie sich nur im Notfall ein. Anleitungen oder Eingriffe von außen sind meist nicht nur nicht nötig, sondern ausgesprochen störend, weil in jedem Kind bereits der spätere individuelle Mensch in seiner Ganzheit vorhanden ist. Er will sich Schritt für Schritt selbst entfalten und man braucht ihm nur freundlich und geduldig zu begegnen, ihn ernst zu nehmen und ihm zu geben, was er will, selbst wenn man den Grund dafür nicht versteht.

Bereits das Angebot, ihm bei einer schwierigen Aufgabe zu helfen, mit der es sich herumschlägt, oder ihm etwas zu zeigen, das es angestrengt herauszufinden versucht, kann das Kind tief frustrieren und ihm den Spaß daran rauben. Denn ein echtes Erfolgserlebnis hat es nur, wenn es das Problem aus eigener Kraft gelöst hat, und ein guter Lernprozess setzt selbständiges Suchen voraus. *Learning by doing* sagt man dazu — ja, lassen Sie Ihr Kind alles selbst machen, nehmen Sie ihm nichts ab, was es aus eigener Kraft können müsste, schützen Sie es nicht vor kleinen Gefahren, die es selbst bestehen kann.

Übrigens besteht der instinktive Beschützertrieb nur in der absteigenden Linie, das heißt von den Eltern zum Kind, nicht aber umgekehrt. Das Kind identifiziert seine Eltern normalerweise mit Stärke und Überlegenheit und wehrt sich instinktiv, wenn sie, *ohne wirklich hilfsbedürftig zu sein,* von ihm verlangen, dass es ihnen zur Verfügung stehen oder ihnen helfen solle. Es spürt, dass daran etwas nicht stimmt, und will sich von ihnen frei machen, um sein eigenes Leben leben zu können.

Planen Sie daher Ihr Kind möglichst nicht für Ihre spätere Versorgung und Betreuung ein und lassen Sie es frei. Man muss immer wieder daran erinnern: Die Kinder gehören nicht den Eltern, sie sind Menschen mit denselben Rechten und Bedürfnissen, keine billigen Arbeitskräfte oder Sklaven. Man darf von ihnen weder Hilfe noch Geschenke *erpressen,* was nicht ausschließt, jene Liebesdienste anzunehmen, die sie freiwillig anbieten und die sich aus einer herzlichen Kind-Eltern-

Beziehung ergeben.

„Eure Kinder sind nicht eure Kinder. Sie sind die Söhne und Töchter der Sehnsucht des Lebens nach sich selbst. Sie kommen durch euch, doch nicht von euch; und wenn sie auch bei euch sind, so sind sie doch nicht euer", schreibt Kahlil Gibran in seinem Weisheitsbuch *Der Prophet (> Literaturverzeichnis)*.

Falls Eltern durch Krankheit oder Alter gebrechlich werden und sich damit gewissermaßen wieder in Kinder verwandeln, wird der Beschützertrieb normalerweise auch bei ihren Kindern aktiv (falls sich keine zu tiefe Feindschaft entwickelt hat), die damit in eine Art Elternrolle kommen. Dann können sie ihren Eltern mit einer Mischung aus kindlicher und elterlicher Liebe jene Fürsorge und Hilfe zurückgeben, die sie einst von ihnen bekamen.

Führen

Solange ein Kind seelisch gesund ist, versucht es immer so weit wie möglich zu gehen und für sich ein Maximum an Lebens- und Entfaltungsraum herauszuholen. Dadurch wächst es körperlich und geistig, denn zu wachsen bedeutet die bestehenden Grenzen zu erweitern, also nicht nur, körperlich immer mehr Raum einzunehmen, sondern auch, die Welt zu erkunden und geistig zu erobern.

Dabei merkt es sehr schnell, dass es für alles eine Grenze gibt: Man darf nicht alles nehmen, darf nicht überall hingehen, darf nicht alles tun, darf nicht dauernd schreien, darf nichts verlangen, was anderen gehört, man darf nicht bei „Rot" über die Straße laufen oder im Bett mit Feuer spielen und so weiter und so weiter. Den Kindern dieses Wissen zu vermitteln gehört auch zu den wesentlichen Aufgaben der Eltern. Sie dürfen dem Kind *in seinem eigenen Interesse* keinen unbegrenzten Entfaltungsspielraum zugestehen, sondern müssen es (allerdings nur so weit wie nötig) in die Ordnungssysteme, die seine Welt bestimmen, eingliedern, damit es darin überleben und sich verwirklichen kann.

Es geht also um die Autorität. In unserer Kultur wird sie primär vom Vater repräsentiert (während die Mutter eher die Rolle der Verstehenden und Verzeihenden hat). Er muss stark und überlegen sein, die Führung übernehmen, dem Gesetz, der Vernunft, der Ordnung und der Gerechtigkeit Geltung verschaffen, notfalls auch mit Gewalt (Strafe). Damit steht er stellvertretend für die Gesellschaft, die die Rechte des Einzelnen beschneidet und ihm zugunsten des Gemeinwohls Verzicht abverlangt.

Hier also der autoritäre, fordernde Vater — dort die gebende, verzeihende Mutter. Doch dieses Klischee stimmt nur zum Teil. Denn erstens nimmt der Vater in der Beziehung zum *Säugling* eine mehr mütterliche (nicht autoritäre) Haltung ein und zweitens kann auch die Mutter den „Familienbetrieb" führen und autoritär sein. Dies ist sie allerdings hauptsächlich gegenüber der Tochter und das hat folgenden Grund: Autorität und Macht kann man nur ausüben, wenn man notfalls — also bei Widerstand — auch zu gewaltsamem („lieblosem") Vorgehen bereit ist. Dies ist aber aus Instinktgründen eigentlich nur gegenüber dem gleichen Geschlecht möglich, das die (sexuelle) Konkurrenz repräsentiert. Wie der Vater gegenüber dem Sohn neigt also die Mutter gegenüber ihrer Tochter (der potentiellen sexuellen Konkurrentin) mehr oder weniger unbewusst zu jenem autoritären Verhalten, das eigentlich der klassischen Vaterrolle entspricht.

Wir brauchen uns nur einmal im Familien- und Bekanntenkreis umzusehen: Die Mütter sind eher zu den Töchtern und die Väter eher zu den Söhnen streng; sie erziehen sie, zeigen ihnen, was sie zu tun und wie sie sich zu verhalten haben, geben ihnen Pflichten und bestrafen sie, wenn sie sich nicht unterwerfen („gehorchen"). Dagegen sind die Mütter zu den Söhnen und die Väter zu den Töchtern meist auffallend entgegenkommend und nachgiebig (es sei denn, sie werden durch liebloses Verhalten enttäuscht).

Während das Kind die selbstlose Mutterliebe gerne annimmt, ruft die „väterliche" Autorität (die, wie gesagt, auch von der Mutter praktiziert werden kann) oft seinen Widerstand hervor, da sie seine persönliche Freiheit beschränkt. Deshalb ist die Art, in der die Eltern ihr Kind anführen und Macht ausüben, für dessen soziale Entwicklung wichtig. Sie sollten großzügige, verständnisvolle, vertrauenswürdige Ratgeber und Führer sein, damit es eine positive Einstellung zu Autorität, Ordnung und sozialer Hierarchie entwickeln kann.

Haben Sie einmal beobachtet, wie Jungtiere sich in der Welt zurechtzufinden lernen? Sie folgen einfach ihrer „Bezugsperson" und machen es ihr nach. Wenn die Ente ins Wasser geht, hopsen ihre Jungen vertrauensvoll hinterher, weil sie instinktiv wissen, dass sie von ihrer Mutter nur etwas Gutes gezeigt bekommen. Auch das Menschenkind hat dieses Vertrauen und geht davon aus, dass sein „Leittier" ihm den richtigen Weg ins Leben zeigt. Es hat ja, abgesehen von seinem instinktiven Grundwissen, keine Ahnung davon, wie man mit dieser komplizierten Welt umgehen muss, die fast nur auf die Bedürfnisse der Erwachsenen ausgerichtet ist. Daher sind die Eltern das große Vorbild ihres Kindes. Es möchte genauso sicher, stark und überlegen werden, sich so gut im Leben zurechtfinden wie sie und ist — solange sie es nicht enttäuschen — bereit, ihnen blindlings zu folgen.

Auch Sie haben diese Funktion, Sie wirken ständig mit dem, was Sie tun, und dem, was Sie sind, auf Ihr Kind ein. Allein schon Ihre Erscheinung, Ihre Ausstrahlung, der Tonfall Ihrer Stimme und Ihre Bewegungen beeinflussen nachhaltig die Psyche Ihres Kindes. Ist es nicht oft verblüffend und amüsant, wie kleine Kinder auf einmal den Gesichtsausdruck, die Körperhaltung oder die Stimme der Mutter oder des Vaters nachahmen? Auch bei Erwachsenen kann man in bestimmten Gewohnheiten oft noch den Einfluss der Eltern erkennen. Aber nicht nur Ihr Verhalten, sondern auch Ihre Werte und Maßstäbe, Abneigungen und Sympathien werden von Ihrem Kind zu einem großen Teil übernommen. Wenn Sie zum Beispiel immer auf Ihren

Nachbarn schimpfen, so wird wahrscheinlich auch Ihr Kind ihn mit der Zeit ablehnen, und wenn in Ihrer Familie eine bestimmte politische Tradition gepflegt wird, tendiert auch Ihr Kind dazu — vorausgesetzt, Sie haben sein Vertrauen. So ergibt sich aus Ihrer Vorbildfunktion eine gewisse Verantwortung, weil Sie damit rechnen müssen, dass Ihr Kind auch einen Teil Ihrer negativen Verhaltensweisen übernehmen wird.

Will man Kinder führen, ist es am besten, sie einfach am normalen Leben teilnehmen zu lassen. Betrachten Sie es nicht als Störung und Zeitverschwendung, wenn auch Ihr *Kind* das tun will, womit Sie gerade beschäftigt sind — wenn also zum Beispiel Ihr Sohn mit Ihnen, dem Vater, basteln und Ihre Tochter mit Ihnen, der Mutter, kochen will; als ernsthafte Auseinandersetzung mit der Welt, in die es hineinwachsen soll und will. Natürlich darf man dabei nicht erwarten, dass alles perfekt klappt, und muss sich mit Nachsicht wappnen, wenn etwas kaputt geht. Dennoch lohnen sich diese gespielten Lektionen, weil sie die Beziehung zwischen Ihnen und Ihrem Kind lebendig machen und seine Entwicklung sehr effektiv fördern. Auch Sie, die Eltern, können davon profitieren, weil Ihr Kind Sie durch seine ständigen Fragen zur Klarheit zwingt und in seiner Unvoreingenommenheit keinen Ihrer Fehler übersieht.

Ob Eltern dieses wunderbare Vertrauen ihres Kindes behalten, hängt bis zu einem gewissen Grad von ihrer „Unfehlbarkeit" ab. Gerät nämlich ihr Kind dadurch, dass es ihrem Beispiel gefolgt ist, in Schwierigkeiten, so wird es vorsichtig und misstrauisch. Wichtig wäre es dann, die Fehler und Unzulänglichkeiten offen zuzugeben und nicht verstockt Recht haben zu wollen. Ihr Kind würde es ihnen nicht wirklich nachtragen, wenn sie nicht alles können und wissen — dadurch wird ja auch seine Unabhängigkeit gefördert —, aber es würde ihnen nicht verzeihen, von ihnen angelogen zu werden.

Denn die Lügen der Eltern stürzen das Kind in einen Konflikt zwischen dem natürlichen Vertrauen, das es ihnen entgegenbringt, und der Wahrheit, die es selbst erkennt. Soll es nun auf der Wahrheit bestehen? Dann kann es eventuell die Zuwendung der Eltern verlieren. Soll es ihnen einfach glauben? Dann begeht es einen Selbstverrat. Mit der Zeit verliert es in einem solchen Konflikt seinen klaren Blick und dann dauert es nicht mehr lange, bis es sich anzupassen und die Eltern ebenfalls anzulügen beginnt.

Die vertrauensvolle Ehrlichkeit Ihres Kindes ist aber eine Kostbarkeit, die gepflegt und geschützt zu werden verdient. Ist es für uns vom Leben verdorbene Erwachsene nicht wunderschön und rührend, einem Kind zu begegnen, das uns arglos und vorbehaltlos in sein Inneres blicken lässt? Und hat seine Offenheit nicht auch einen guten Einfluss auf uns selbst? Oft ist es dann, als würde man zu trübem Wasser klares schütten.

Die gute, vertrauensvolle Beziehung zu Ihrem Kind ist wichtiger als Moral und Wohlverhalten, wichtiger als Erfolg und Ordnung und wichtiger als Ihre Autorität. Verurteilen oder bestrafen Sie Ihr Kind nie, wenn es Ihnen einen Fehler oder ein Vergehen gestanden — oder besser: anvertraut — hat. Es ist instinktiv darauf eingestellt, dass Sie es verstehen, ihm vergeben und seine Partei ergreifen. Wer, wenn nicht Sie als seine intimste Bezugsperson, sollte dies tun? Lehnen Sie Ihr Kind niemals ab, auch wenn Sie einmal mit seinem Verhalten nicht einverstanden sind. Im Grunde seines Herzens versteht es nicht, warum Sie nicht auf seiner Seite stehen, warum Sie es schlecht behandeln oder verstoßen. Sobald Sie die emotionale Nabelschnur, die Sie mit Ihrem Kind verbindet, verletzen oder zerreißen, schließt sich der innere Zugang zu ihm und es wird seelisch verwaist. Abgesehen davon, dass es darunter leiden würde, verlören Sie dadurch den Zugang zu ihm und könnten es nicht mehr positiv beeinflussen.

Fragen Sie sich daher immer, wenn Sie Ihrem Kind etwas verbieten, *warum* Sie es tun und ob es *in seinem Interesse* nötig ist. Und machen Sie es sich vor allem zur Gewohnheit, ihm eine Erklärung dafür zu geben. Auch wenn es diese nicht in allen Details verstehen kann, übernimmt es doch gefühlsmäßig die Information, dass Sie es vor etwas Schlechtem bewahren wollen. Ihr Kind ist ja darauf eingestellt, Ihnen zu folgen, solange Sie sein Vertrauen besitzen.

Und noch etwas ist wichtig: die Lüge. Wenn ein Kind seine Eltern belügt, sollten sie ihm keinen moralisierenden Vorwurf machen, sondern sich fragen, warum es das tut. Meist tragen sie selbst die Schuld daran, weil sie die Offenheit ihres Kindes zu oft mit Strafe (auch ein Vorwurf kann bereits Strafe sein) „belohnt" oder weil sie ihm ein nicht einzuhaltendes Verbot auferlegt haben (—> *Kap. Unehrlichkeit*). Das Kind ist von Natur aus ehrlich, denn die Wahrheit ist ja das Natürlichste auf der Welt. Nach und nach macht es aber die schmerzliche Erfahrung, dass Ehrlichkeit Leiden erzeugt, weil es dafür, dass es die Wahrheit sagt oder zeigt, bestraft wird. So lernt es sehr schnell, nur noch das zuzugeben, was ungefährlich oder nützlich ist, und alles, was ihm Probleme und Strafen einbringen könnte, abzuleugnen — übrigens entsprechend dem schlechten Beispiel der Erwachsenen. Vielleicht können sie dann durch mehr Verständnisbereitschaft, Toleranz, Fairness und Selbstkritik sein Vertrauen wieder zurückgewinnen. Denn nur einer von beiden hat

Recht: die Eltern oder ihr Kind, und es ist keineswegs gesagt, dass es immer die Eltern sind. So sollten sie auch immer von Mensch zu Mensch, nicht wie der Herr zum Untergebenen, mit ihm reden und ihm verständlich machen, warum sie dies oder das nicht haben wollen. Kinder sind vernünftiger, als ihre Eltern oft glauben.

Erziehen

Vor vielen Jahren schrieb die große Pädagogin *Maria Montessori:* „... Alles, was die Seele des Kindes angeht, beurteilt der Erwachsene nach seinen eigenen Maßstäben ... Von diesem Blickpunkt aus erscheint ihm das Kind als ein leeres Wesen, das er mit etwas anzufüllen berufen ist ..., als ein Wesen ohne innere Führung, das der Führung durch den Erwachsenen bedarf. ... So wird der Erwachsene zum Maßstab von Gut und Böse. Er ist unfehlbar, nach seinem Vorbild hat sich das Kind zu richten, und alles im Kinde, was vom Charakter des Erwachsenen abweicht, gilt als ein Fehler, den der Erwachsene eilends zu korrigieren sucht. Mit einem solchen Verhalten glaubt er um das Wohl des Kindes eifrig, voll Liebe und Opferbereitschaft besorgt zu sein. In Wirklichkeit aber löscht er damit die Persönlichkeit des Kindes (aus: *Kinder sind anders > Literaturverzeichnis*)

Hat sich daran viel geändert? Dabei wäre eine kindergerechte und menschenwürdige Erziehung gar nicht so schwierig.

Man müsste sie nur primär am *Wohlergehen der Kinder* statt an den eigenen Vorstellungen, gesellschaftlichen Zwängen und dem Wunsch nach Bequemlichkeit orientieren. Dabei gilt: *So viel Eigenständigkeit wie möglich und nur so viel Anpassung wie unbedingt nötig.* Eine solche Erziehung, die nicht auf Zwangsmaßnahmen beruht, sondern in liebevollen Angeboten besteht, ermöglicht es dem Kind, sich unter Berücksichtigung seiner individuellen Anlagen und ohne Selbstverrat in der Gemeinschaft zu verwirklichen, eine realistische und positive Lebensauffassung zu entwickeln und als anständiger Mensch zu leben. „Anständig" nicht im Sinne einer selbstverantwortungslosen Anpassung an die herrschende Moral, sondern als Fähigkeit, sich selbst treu zu bleiben, die Rechte anderer zu respektieren und niemals dringend benötigte Hilfe zu verweigern, die man geben kann.

Auch für die gute Erziehung gibt es drei wesentliche Voraussetzungen: *Liebe, Achtung und Verantwortung.*

Die *Liebe* führt in der Erziehung dazu, dass man sich dem Kind willig und freudig zur Verfügung stellt und bei allen Aktionen darauf achtet, ob diese ihm gut tun. Sie erzeugt ein freundliches Fluidum und öffnet das Herz, so dass man sich über das Wohlergehen des Kindes freuen kann. Die üblichen Vergewaltigungen und Quälereien werden dadurch unmöglich. Man kommt nicht in die Versuchung, den Willen des Kindes zu brechen oder es zum eigenen Vorteil zu manipulieren, und man opfert es auch nicht der Meinung anderer Leute. Wenn man ihm etwas beibringen möchte, bietet man es ihm so an, dass es dabei Freude hat. Da das Kind dieses Wohlwollen fühlt, akzeptiert es vertrauensvoll auch eventuelle Forderungen oder Einschränkungen.

Die *Achtung* vor dem Kinde macht Erziehung zum entgegenkommenden Angebot, das sich an seinen persönlichen Neigungen und Möglichkeiten orientiert. Man lehrt und erzieht durch das gute Vorbild und meidet Bestrafungen. Man bringt ihm genau so viel Respekt entgegen, wie man für sich selbst erwartet, man nimmt seine Wünsche oder Einwände ernst und tut sie nicht mit dem üblichen Hinweis ab, es sei noch zu klein oder zu dumm. Wenn man ihm etwas beibringen möchte, richtet man sich nach seinen Fähigkeiten und Eigenarten und unterstützt grundsätzlich die Ausbildung der in ihm angelegten Persönlichkeit, selbst wenn diese unbequem ist, denn man weiß aus eigener Erfahrung, dass Lebensfreude nur dann entstehen kann, wenn man so sein darf, wie man von Natur aus ist.

Aufgrund der *Verantwortung* versucht man in der Erziehung sein Bestes zu geben und Nachlässigkeiten zu vermeiden, weil man immer bedenkt, dass alles, was einem Kind an Guten oder Schlechtem zugefügt wird, entsprechende Folgen für sein ganzes Leben hat. Man ist sich klar, dass das Kind seinen Eltern und Erziehern relativ wehrlos ausgeliefert und ihnen anvertraut ist, damit sie sein Wohl und seine Selbstverwirklichung fördern.

Diese Aussagen klingen zugegebenermaßen sehr idealistisch und scheinen in der Praxis schwer zu realisieren. Dennoch ist es gut, gerade hier die Messlatte so hoch wie möglich zu hängen, damit man eine gute Orientierung hat. Meist sind wir nicht unfähig zur guten Leistung, sondern nur unwissend oder unmotiviert. Viele erzieherische Fehler werden nicht aus schlechter Absicht, sondern aus Unkenntnis gemacht. Es lohnt sich, angesichts der Tragweite und Bedeutung, die ein Kind für seine Eltern und die Eltern für ihr Kind haben, so aufmerksam und bereit wie möglich zu sein.

Wenn wir die erwähnten drei Grundprinzipien in dem, was bei uns üblicherweise unter Erziehung verstanden wird, suchen, so finden wir nicht sehr viel davon — im Gegenteil: Wir entdecken jene Gewalt, die schon im Wort „erziehen" steckt. Denn man ist darauf eingestellt, das Kind in jene Form zu ziehen, in der man es gerne hätte, oder es gegen seinen Willen dorthin zu ziehen, also zu schleifen, wo man es haben möchte. Jedenfalls lässt man es bei diesem Er-Ziehen weder so werden, wie es veranlagt ist, noch dorthin gehen, wohin es will.

So gleicht dann der normal erzogene Mensch einem beschnittenen Baum, der seine ursprüngliche und natürliche Gestalt verloren hat, dafür aber gut in den künstlichen Garten passt. Das heißt übertragen auf das Kind: Seine innere Schönheit, sein persönlicher Wille und seine lebendige Kreativität werden reduziert und beschädigt. Aber immerhin — es macht sich ganz gut im Garten der Gesellschaft, es ist ein *anständiger, verlässlicher, höflicher, moralisch einwandfreier* Mit- und Staatsbürger geworden.

„Was ist denn daran falsch?", werden Sie jetzt vielleicht einwenden. „Sind das nicht lauter erstrebenswerte und erfreuliche Eigenschaften?" Natürlich sind sie dies, wenn sie nicht nur Äußerlichkeiten darstellen, sondern auf *Herzensgüte, Selbstverantwortung, Aufrichtigkeit und innerer Freiheit* beruhen. Diese Tugenden lassen sich aber weder durch Ziehen noch durch Schleifen erzwingen, sondern wachsen unter dem Einfluss von Entgegenkommen, Verständnis und Menschenfreundlichkeit sowie einer Erziehung, die sich als liebevolles, auf das Kind eingehendes Angebot und nicht als Zwangsmaßnahme versteht.

Dazu gehört auch, dass Erläuterungen, Ratschläge oder Hilfestellungen in spielerischer Form gegeben werden. Denn der eigentliche „Beruf" des Kindes ist das Spielen. Das Spiel bedeutet nicht nur Freude und das Privileg, ungestraft Fehler machen zu dürfen, sondern ist in Wirklichkeit ein kreativer Lernprozess, bei dem das Kind das Leben ausprobiert, neue Fähigkeiten entwickelt und Grenzbereiche erforscht. Auch uns so genannten Erwachsenen täte es gut, an alles mehr wie im Spiel heranzugehen, weil wir dann über unsere Fehler lachen und Misserfolge ertragen, unsere Konkurrenten und deren Erfolge fair anerkennen, Unangenehmes loslassen und abgeben könnten. Dass bei uns das Spiel dem „Ernst des Lebens" weichen musste, ist einer der wichtigsten Gründe all unserer Probleme. So sollten wir uns davor hüten, dem Kind die spielerische Einstellung auszutreiben. Zum Glück können nicht nur die Kinder von den Eltern, sondern auch die Eltern von den Kindern lernen.

Ein Kind ist von Natur aus neugierig. Sobald es kann, beginnt es seine Welt zu erkunden. Mit großen Augen und gespitzten Ohren reagiert es auf seine Umwelt, ist von allem Unbekannten fasziniert, betrachtet interessiert Gegenstände, die ihm neu sind, krabbelt in jede Ecke, probiert alles aus, was es bei den Eltern beobachtet hat, fasst an, was ihm in den Weg kommt, steckt die seltsamsten Dinge in den Mund — es ist den ganzen Tag darauf eingestellt zu lernen. Dabei gibt es allerdings eine Bedingung: Es muss Spaß machen. Sobald ein Lernprozess unangenehm wird, verliert es die Lust daran und zieht sich zurück.

Lernen ist ja wie Essen: Man verleibt sich etwas ein, um Kraft zu bekommen, zu wachsen und um sich eine Freude zu machen. Stellen Sie sich vor, man hätte Sie polizeilich gezwungen, zu einem bestimmten Zeitpunkt in ein Restaurant zu gehen. Kaum säßen Sie auf einem der dortigen unbequemen Stühle, so begänne der Kellner, Ihnen mit Gewalt das Essen, auf das Sie heute gar keine Lust haben, in den Mund zu stopfen und Sie, falls es Ihnen nicht bekäme oder Sie sich dagegen wehrten, zu bestrafen. So geht es oft den Kindern in der Schule — kein Wunder, dass viele die Freude daran verlieren, dass ihre geistige „Verdauungsfähigkeit" blockiert wird oder dass sie widerspenstig werden. Meist geht es dann zu Hause im gleichen Ton weiter, wenn Eltern oder Nachhilfelehrer unerbittlich versuchen dem Kind die widerwärtige Kost doch noch einzutrichtern.

Geht Ihr Kind gerne in die Schule, befolgt es bereitwillig die

Ratschläge, die Sie ihm „erzieherisch" geben? Falls nicht, wäre es sinnlos, Zwang auszuüben. Besser wäre es, sich — und Ihr Kind — zu fragen, wie man aus dem Ernst ein Spiel machen könnte. Eigentlich lässt sich dieses Problem mit einem Wort lösen: Es muss Spaß machen! Und die Kunst der Erzieher/innen ist es — um beim obigen Beispiel zu bleiben —, das Essen so anzurichten und anzubieten, dass sich der freiwillig gekommene Gast mit Vergnügen darüber hermacht und danach Wohlbehagen empfindet. Dabei müsste man auch auf seine Mentalität achten —das heißt: Jedes Kind spielt und lernt anders. Während das eine kämpferisch und ehrgeizig vorgeht, liebt ein anderes das behutsame, feinfühlige Kennenlernen und wieder ein anderes vor allem die Abwechslung.

Zum kreativen Spielen (Lernen!) braucht ein Kind möglichst viel Freiraum, in dem es suchen, experimentieren und Individualität entwickeln kann. Dabei sollte es (fast) immer tun dürfen, worauf es Lust hat, und die Grenzen, die es nicht überschreiten darf, sollten *so weit wie möglich* gesteckt werden. Denn niemand weiß besser als das Kind selbst, was es braucht — in ihm wirkt ja die sich entfaltende Persönlichkeit, die an allen Ecken und Enden wächst.

Versuchen Sie daher seine Umgebung so zu gestalten, dass es mit ihr etwas anfangen kann: zum Beispiel Möbel, die auf seine Körpergröße zugeschnitten sind, oder Spielzeug, das seinen Interessen und Fähigkeiten entspricht. Auch die Wohnung sollte so eingerichtet sein, dass es sich darin *nach Herzenslust* ausleben kann. (Für sich selbst können Sie ja ein „Reservat" einrichten, in dem die Kinder nichts anstellen dürfen. Dazu sind sie auch bereit, wenn Sie ihnen deutlich signalisieren, dass dies Ihr Revier ist.) Sie werden sehr schnell merken, dass der schöne, weiße Teppichboden, der den dreckigen Kinderschuhen zum Opfer gefallen ist, genauso deplatziert war wie die wertvollen Ziergegenstände, die Ihr Kind beim Toben zerbrochen hat. Überlegen Sie einfach, was ein Kind in seinem Entdeckungsdrang und seiner Experimentierfreude alles anstellen *könnte,* und entfernen Sie alles, was gefährdet oder gefährlich sein *könnte,* aus seiner Reichweite.

Wahrscheinlich wird spätestens jetzt wieder die Bemerkung kommen, dass man einem Kind aber auch Grenzen setzen müsse, dass es nicht immer nur machen dürfe, was es wolle. Das ist zweifellos richtig, dennoch ist es eine alte Erfahrung, dass die Grenzen meist zu schnell und zu eng gezogen werden. Fragen Sie sich, wenn Sie Ihr Kind in einer Aktivität einschränken oder ihm etwas verbieten wollen, stets zuerst, ob dies tatsächlich unumgänglich ist und ob es ihm wirklich sehr schaden würde, wenn man es gewähren ließe. Es ist immer wieder erstaunlich, wie weit man ein Kind gehen lassen und wie viel man riskieren kann, ohne dass etwas Schlimmes passiert. Viele Grenzen und Gefahren existieren ja nur in unserer Vorstellung, sind nur Papiertiger.

Die Strafe

Noch ein wichtiges Thema müssen wir im Zusammenhang mit der Erziehung streifen: die Strafe. Wir haben oben gesehen, dass die beste Erziehungsmethode das gute Vorbild und das Spiel sind. Weil viele Eltern und Erzieher damit überfordert sind (sie haben es selbst nicht anders gelernt), gehen sie immer sehr schnell zur Strafe über: „... und bist du nicht willig, so brauch ich Gewalt!" Dazu meinen sie berechtigt zu sein, weil sie ihr Kind noch nicht als vollwertigen Menschen, sondern als eine Art Untergebenen betrachten.

Man muss aber bedenken, dass bei einem lebendigen Organismus Druck immer Gegendruck erzeugt. Jene Zustände, die wir mit Gewalt schaffen, gleichen dem immer wieder hinunterrollenden Stein des Sisyphus: Sobald unsere Kraft nachlässt, stellt sich der alte Zustand wieder her. Das ist beim Kind nicht anders. Was wir hier mit Zwang erreichen, ist nicht nur sinnlos, weil es keine echte Entwicklung darstellt, sondern auch schädlich, weil dabei doch immer etwas kaputt geht. Andere Menschen gegen deren Willen zu ändern ist unmöglich — es geht weder bei Ihrem Kind noch Ihrem/r Ehepartner/in. Wenn wir überhaupt etwas ändern wollen, so könnten wir versuchen, uns selbst zu ändern — das wäre schon eine Arbeit, die uns so sehr beschäftigen würde, dass wir die anderen in Ruhe lassen würden.

Liebe Eltern, vergesst nie: *Das Wichtigste in der Beziehung zu eurem Kind ist sein Vertrauen.* Was auch immer geschieht und wie auch immer das Kind sich verhält, hütet euch davor, es zu zerstören. Denn dann habt ihr keinen Zugang mehr zu ihm, euer Kind hat euch gegenüber grundsätzlich eine positive Einstellung, es erwartet von euch Verständnis und Liebe. Es folgt euch — im Rahmen seiner persönlichen Eigenarten und Möglichkeiten — bereitwillig und vertrauensvoll. Solange ihr ihm liebevoll, vertrauenswürdig, respektvoll und vorbildlich entgegenkommt, braucht ihr keine Gewalt — keine Strafe — anzuwenden.

Tatsächlich aber ist die *Strafe* die häufigste Erziehungsmethode in unserer Zivilisation. Daher ist es wichtig, sich einmal ihre Bedeutung klar zu machen.

Sie wird zu zwei unterschiedlichen Zwecken eingesetzt: zur vorbeugenden Verhaltensmanipulation und zur nachträglichen Rache. Im ersten Fall versuchen wir, dem Kind durch einen vorsätzlich zugefügten Schmerz bewusst zu machen, dass es ein Verbot übertreten hat, und es von einer Wiederholung seiner „Untat" abzuschrecken; im zweiten Fall quälen wir das Kind, um an ihm ein unangenehmes Gefühl (Wut, Ärger, Schmerz) auszulassen, das uns im Zusammenhang mit seinem Verhalten überfallen hat.

Gelegentlich ist es zwar erforderlich, dem Kind mit einer wohldosierten und begründeten „Bestrafung" seine Grenzen zu zeigen. Es probiert ja ständig aus, wie weit es gehen kann. Diese Strafe wird es akzeptieren, wenn sie nicht übertrieben wird, wenn sie ihm verständlich ist und wenn sie *seinem Interesse,* nicht aber der Bequemlichkeit oder dem Vorteil der Eltern dient (was es unbewusst zum Beispiel aus der Haltung des/der Strafenden erkennt). Das klingt vielleicht etwas spitzfindig, geht aber in der Praxis ganz natürlich vor sich. Wenn zum Beispiel ein Kind vorsätzlich und trotz mehrmaliger Ermahnung ein *berechtigtes und sinnvolles* Verbot übertritt und den Eltern dann „die Hand ausrutscht", gibt es zwar ein kurzes Geschrei, aber anschließend ist alles wieder gut, weil das Kind ja den Grund dafür kennt und weiß, dass damit alles vergeben und vergessen ist. Es liegt eine gewisse Fairness darin. Solche Bestrafung ist in Wirklichkeit nur eine Zurechtweisung — im eigentlichen Sinne des Wortes —, eine mit körperlichem Nachdruck gegebene Erinnerung und die natürliche Folge eines Fehlverhaltens.

Daher sollte man bei einer Bestrafung (Zurechtweisung und Grenzsetzung!) sensibel darauf achten, ob das Kind sie akzeptieren kann. Falls nicht, muss man versuchen, ihm den Grund dafür verständlich zu machen. Wichtig ist auch, die bestrafende Zurechtweisung als „Abschluss des Verfahrens" zu betrachten, nicht nachtragend zu sein und das Kind danach wieder normal zu behandeln.

Manchmal kann es richtiger sein, die von ihm begangene Übertretung straffrei zu lassen, und zwar dann, wenn das betreffende Verbot für dieses Kind absolut nicht akzeptabel ist. Strafe darf das Kind nicht beschädigen oder zerbrechen. Würde man feststellen, dass es auf keinen Fall bereit ist sich zu beugen, müsste man dies ernst nehmen und nicht nur auf die vorgesehene Strafe verzichten, sondern auch das Verbot oder die Forderung aufheben.

Sie werden Ihr Kind aber nur selten in dieser Weise zu strafen beziehungsweise zurechtzuweisen haben, wenn Sie von ihm nichts (subjektiv!) Unmögliches verlangen und Ihre Beziehung zu ihm liebe- und vertrauensvoll ist. Es ist ja darauf eingestellt, Ihre gut gemeinten Anweisungen ernst zu nehmen und Ihnen keinen Kummer zu machen.

Die andere Form der Strafe ist die Rache. Sie sollte nie an einem Kind praktiziert werden, weil sie weder von ihm akzeptiert wird noch einen erzieherischen Sinn hat (natürlich kann es trotzdem einmal passieren, weil niemand perfekt ist). Im

Grunde ist die Rache ein Ausdruck von Primitivität, manchmal auch von Machtbedürfnis oder Sadismus. „Strafe muss sein!" hört man vor allem aus dem Munde jener Menschen, die Freude daran haben, andere niederzudrücken. Eltern, die nur durch vorsätzliches Quälen „führen" können, sind offensichtlich weder des Vertrauens noch der Liebe ihres Kindes wert, denn andernfalls würde es ja auf sie hören und ihnen folgen. Zu ihrer Entschuldigung kann man nur annehmen, dass sie es selbst nicht besser kennen gelernt haben.

Am schlimmsten ist übrigens nicht die körperliche Strafe, gegen die sich das Kind immerhin noch irgendwie wehren kann, sondern die psychische Bestrafung durch Liebesentzug und Erzeugen von Schuldgefühlen. Hüten Sie sich vor solchem Psychoterror — er ist nicht nur schädlich für Ihr Kind, sondern auch Ihr persönliches Armutszeugnis, weil er zeigt, dass Sie unfähig sind, Ihr Kind auf faire und positive Weise anzuleiten.

Ein Kind versteht im Grunde seines Wesen nie, warum seine Eltern es quälen. Was soll es zum Beispiel machen, wenn seine Bezugsperson es demonstrativ *längere Zeit* ablehnt oder mit ihm nicht mehr spricht? Da es von ihrer Zuwendung abhängig ist, bleibt ihm nichts anderes übrig, als klein beizugeben und „zu Kreuze zu kriechen". Dass dies für seine Persönlichkeitsentwicklung und sein Selbstwertgefühl nicht gut ist, dürfte klar sein — vom Vertrauensschaden gar nicht zu sprechen. Dabei versteht es sich von selbst, dass niemand ein Übermensch ist, der immer ausgeglichen, überlegen und lieb sein kann. Wenn man einmal kurzfristig (aber berechtigt!) böse oder wütend ist, erleidet das Kind keinen psychischen Schaden, weil es diese Reaktion verstehen und einordnen kann. Oder anders gesagt: Man darf es nicht „fertig machen" und ihm die alleinige Schuld zuweisen, sondern muss immer auch bereit sein, seine eigenen Fehler einzugestehen. Am wichtigsten ist aber, dem Kind immer zu zeigen, *dass man es trotz allem liebt.*

Eine äußerst „effektive" Strafe ist das schlechte Gewissen. Es gehört eindeutig in die Kategorie „Kindesmisshandlung", denn das Schulddenken erzeugt nicht nur Leiden, sondern bewirkt auch bleibende Schäden in der Persönlichkeit des Kindes. Einmal in seine Psyche eingepflanzt, kontrolliert es ständig dessen Verhalten. Wenn das Kind jene Gebote oder Verbote, die man ihm zur Lebensbedingung gemacht hat, nicht beachtet, schaltet sich das schlechte Gewissen automatisch ein und zwingt es durch einen erheblichen Leidensdruck zur Änderung seines Verhaltens. So verliert es seine innere Freiheit und wird unfähig, selbstverantwortlich zu handeln.

KRANKHEIT

Grundsätzliche Überlegungen

Wie kann man Gesundheit verstehen?

Bevor wir uns der Frage zuwenden, wieso ein Mensch krank wird, sollten wir uns darüber verständigen, was eine Krankheit ist und wie sie entsteht. Beginnen wir mit der Gesundheit. Ein Mensch ist gesund, wenn sein *Körper,* seine *Psyche* und seine *Seele* richtig entwickelt sind und einwandfrei „funktionieren", das heißt: *bei optimaler physischer und psychischer Selbstverwirklichung.*

Im Einzelnen äußert sich dies folgendermaßen:

* Ein **gesunder Körper** ist bis in jede Zelle und jedes Organ altersentsprechend entwickelt und funktioniert optimal. Er macht keine Beschwerden, ist in der Lage, sich aus der Umwelt zu nehmen, was er braucht, und auf ihre Belastungen und Bedrohungen erfolgreich zu reagieren, und er dient Psyche und Seele als gutes Werkzeug.

* Eine **gesunde Psyche** (sie soll hier als Funktionssystem aus Instinkten, Gefühlen und Emotionen verstanden werden) erzeugt einen harmonischen emotionalen Zustand; sie steuert die Körperfunktionen und -reaktionen sinnvoll und konstruktiv im Hinblick auf Überleben und Selbstverwirklichung.

* Eine **gesunde Seele** (das „Organ" der Bewusstwerdung, der Ich-Erkenntnis, der Ethik und der überpersönlichen Werte) ist offen und frei für Bewusstseinserweiterung, höheres menschliches Wachstum und die transzendente Dimension (Ewigkeit, „Gott", Jenseits) und ermöglicht es uns, mit dem Leben in erfreulicher Weise zurechtzukommen und einen Sinn darin zu finden.

Gesundheit bedeutet insgesamt Lebensfreude: Wohlbefinden, Gefühlsharmonie, Frieden, Zuversicht und transzendente Gewissheit.

Ein gesundes Kind ist altersgemäß entwickelt, körperlich beschwerdefrei und leistungsfähig, zufrieden, interessiert und unternehmungslustig, spielt und lernt gern, ist ehrlich, offen und kontaktbereit, kann sich sozial einordnen, ohne sich selbst dabei aufzugeben, hat Selbstvertrauen, ist fair, liebevoll und liebesfähig.

Diese Idealform von Gesundheit findet man in der Praxis allerdings nur selten. Denn sie wird oft durch schicksalhafte Faktoren verhindert, wie zum Beispiel angeborene Krankheiten oder Missbildungen, konfliktive psychische Anlagen, negative Einflüsse aus dem sozialen Milieu oder der Umwelt.

Jeder Mensch hat aber sein persönliches Optimum an Gesundheit, seine eigene Norm. So kann auch ein behindertes Kind — bezogen auf seine persönliche Norm — gesund und normal sein, und erst Abweichungen von dieser Norm bedeuten (seine persönliche) Krankheit.

Wie kann man Krankheit verstehen?

Entsprechend der obigen Definition entsteht eine Krankheit, sobald die körperliche und/oder seelische Selbstverwirklichung beeinträchtigt wird. Diese Beeinträchtigung äußert sich in den verschiedenen Bereichen des Menschen unterschiedlich:

* Im *körperlichen* Bereich kann sie in einer Störung der körperlichen Entwicklung bestehen, so dass keine normalen anatomischen Strukturen aufgebaut werden; sie kann auch in einer Behinderung der Zell- und Organfunktionen oder einer Beschädigung von Zellen und Organen bestehen. Bei Kindern können sich hieraus Missbildungen, Entwicklungsstörungen, Kinderkrankheiten und Unfallschäden ergeben. Mögliche Ursachen: negative Einflüsse von außen wie vergiftete Umwelt, schlechte Lebensbedingungen, ungeeignete Nahrung oder Klimabedingungen, gewalttätige Schädigungen durch Unfälle und andere Lebewesen (vom Krankheitserreger bis zum Menschen), negative innere (psychische und seelische) Zustände, krankhafter Stress oder Genschädigungen.

* Im *psychischen* Bereich bedeutet die Beeinträchtigung, dass innere und äußere Gefühls- oder Instinktkonflikte aufgetreten sind oder Zerrissenheit oder Destruktivität herrscht. Bei Kindern äußert sich dies in einer Reduktion des psychischen Wohlbefindens und Störungen des Verhaltens.

* Im *seelischen* Bereich führt die Beeinträchtigung dazu, dass das innere Wachstum blockiert ist, dass das Leben keinen (oder zu wenig) Sinn hat, dass die Beziehung zur transzendenten Dimension und das tiefe Wissen um die göttliche Ordnung verloren gegangen sind. Daraus entstehen Verzweiflung, Verlust des Lebenssinnes und des Urvertrauens, wodurch wichtige Kräfte und Funktionen im Organismus blockiert werden. Auf Dauer wird der Mensch dadurch todkrank oder zerstört sich selbst. Beim ganz kleinen Kind spielen diese Seelenkrankheiten keine große Rolle, da sie eine — sich erst entwickelnde — Bewusstheit voraussetzen, wogegen sie bei größeren Kindern durchaus vorkommen. Mögliche Ursachen: schlechte Behandlung, psychische Verletzungen, jede Art von Unwahrheit und Einseitigkeit in der Erziehung (zu materialistisch, widernatürlich, dogmatisch oder verlogen).

Bei der Entwicklung einer Krankheit kann man bestimmte *Phasen* beobachten, denen charakteristische körperliche und psychische Zustände entsprechen. Da in jeder dieser Phasen zunächst ein *subjektives* Leidens- oder Krankheitsgefühl auftritt, dem dann schnell ein *objektiver,* Krankheitsbefund folgt, kann man sich am psychischen Zustand gut und schnell über die allgemeine Situation orientieren.

Wie erwähnt besteht der ideale Zustand in einer optimalen Selbstverwirklichung, die gleichzeitig Gesundheit bedeutet. Daher reagiert der Mensch auf jede Behinderung seiner Selbstverwirklichung mit gesteigerter Aktivität und eventueller *Aggressivität,* um doch zu bekommen, was er braucht, oder um einen schädlichen Einfluss auszuschalten. Wenn er dabei Erfolg hat, normalisiert sich sein Zustand und er bleibt gesund. Gelingt ihm dies aber nicht, so gerät er in einen körperlichen oder psychischen Mangelzustand, der mit einer *Frustration* oder Unzufriedenheit (und funktionellen körperlichen Störungen) einhergeht. Natürlich versucht er weiterhin, die Störung, Behinderung oder Schädigung auszuschalten und sich die Verhältnisse zu verschaffen, die er braucht. Wenn ihm dies gelingt, ist alles wieder in Ordnung; anderenfalls bleibt er entweder in diesem unguten Zustand oder gerät in einen noch schlechteren, wobei sich die Frustration zur mehr oder weniger schweren *Depression* steigert (dabei treten die leichten und mittelschweren organischen Krankheiten auf). Auch in diesem Stadium versucht er noch, die guten Bedingungen wiederherzustellen, wozu ihm allerdings nicht mehr die ganze Kraft zur Verfügung steht, weil ein Teil von ihr durch die Depression verbraucht wird. Wenn diese Bemühungen erfolglos bleiben, hält der depressive, reduzierte Zustand an oder steigert sich zur *Resignation,* falls das zugrunde liegende Problem sich weiter verstärkt. Resignation bedeutet, dass er die Hoffnung auf Heilung aufgegeben hat, dass sich schwere oder unheilbare Krankheiten entwickeln und dass seine Seele mehr oder weniger schnell auf das erlösende Ende zusteuert.

Wichtig an diesem Schema ist die Erkenntnis, dass — streng genommen — *jede Krankheit in dem Augenblick beginnt,* in dem sich Frustration einstellt, das heißt *sobald sich das Kind nicht mehr wohl fühlt.* Das klingt vielleicht etwas übertrieben, weil Unzufriedenheit und reduziertes Wohlbefinden normalerweise zu unserem Leben gehören und wir nicht auf die Idee kommen, sie als krankhaft zu betrachten. Wenn Sie aber Ihre eigenen Krankheiten genau analysieren, so werden Sie fast immer jenen Punkt finden können, an dem sie mit Unwohlsein oder Unzufriedenheit begannen und von dem Sie heute sagen würden: „Hätte ich nur damals besser aufgepasst, dann wäre es nicht so weit gekommen!" Würden diese warnenden Zeichen ernster genommen, ließen sich die meisten Krankheiten verhüten.

Eine wichtige Rolle bei der Krankheitsentstehung spielt der *krank machende Stress,* den wir von der gesunden Aktivität unterscheiden müssen. Diese geht —wie beim sportlichen Training — mit einem Zustand erhöhter Leistungsfähigkeit einher, in dem brachliegende Kräfte aktiviert werden und in dem wir uns wohl fühlen. Zum krank machenden Stress wird eine Leistung - oder eine Leistungsforderung - dagegen, wenn wir sie *subjektiv als zu schwer* empfinden und wenn sie uns keine ausreichende Möglichkeit zur Erholung lässt.

Im Deutschen Wörterbuch (Wahrig) wird Stress definiert als *Belastung, die der Körper durch zu lang dauernde oder ihm unangemessene Reize und schädigende Einflüsse erhält.* Im Englischen bedeutet *stress* bzw. *distress* Not, Bedrängnis, Erschöpfung und in der lateinischen Sprache entspricht dem das Wort *strictus* = verwundet.

Normalerweise besteht im Organismus ein ausgeglichenes Verhältnis zwischen Leistung und Ruhe, Anspannung und Entspannung, das vom vegetativen Nervensystem aufrechterhalten und aus allen Bereichen des Organismus gesteuert wird. Es entspricht auch dem Tag-Nacht-Rhythmus. In der Tagesphase befindet sich der Organismus in einem gewissen Spannungszustand und erbringt Leistung, in der Ruhe- oder Nachtphase dagegen schaltet er auf Entspannung und Erholung um und erholt sich wieder. Der Entspannungszustand ist extrem wichtig, denn nur in ihm wird entgiftet und regeneriert, wogegen der Spannungszustand immer mit Kraftverbrauch und mit Verschleiß einhergeht. So muss dem leistungsbedingten Abbau (Tag) stets ein entsprechender, durch Ruhe ermöglichter Aufbau (Nacht) gegenüberstehen, damit die Gesundheit erhalten bleibt.

Dieses Gleichgewicht zwischen Leistung und Erholung geht verloren, wenn wir in Stress geraten. Die möglichen Ursachen hierfür sind:

* *psychische Überlastung* durch zu starke Emotionen, vor allem negativ: Angst, Ärger, Gier usw.,
* *körperliche Überbelastung* durch zu schwere Arbeit (z. B. Hochleistungssport); Druck, Reibung usw.,
* *mechanische Überbelastungen* durch schädliche Einwirkungen von außen wie Prellungen, Verletzungen usw.,
* *physikalische Überbelastung* durch Kälte, Hitze, Sonne, Klima, Trockenheit, Feuchtigkeit usw.; Strahlung (radioaktiv, Elektrosmog, „Erdstrahlen" usw.,
* *toxische Überbelastung* durch unverträgliche Nahrung (zu viel Zucker, Säuren, Eiweiß), Gifte (z. B. Nahrungs-, Umwelt-, Wohngifte), schädliche Medikamente, Impfungen.

Im Stress kämpft unser Organismus gewissermaßen ums Überleben und gerät in einen unnormalen Spannungszustand, der jede Erholung unmöglich macht. Das kann sich in Schlaf- und Appetitlosigkeit, Fieber, Verkrampfungen, erhöhtem Blutdruck, Tumorwachstum oder anderen Zeichen krankhaft erhöhter Aktivität äußern. Das Krankhafte daran ist, dass dadurch der größte Teil jener Kraft verbraucht wird, die eigentlich für die Entgiftungs- und Regenerationsarbeit vorgesehen ist. So werden die im Stress vermehrt anfallenden Schlacken nicht mehr entsorgt und der übermäßige Verschleiß nicht durch Wiederaufbau ausgeglichen. In dieser Situation treten auch die oben erwähnte *Frustration* und *Depression* auf.

Erst wenn der Stress aufhört, weil die Gefahr vorbei oder ein erstrebtes Ziel erreicht ist, kann sich der Organismus wieder entspannen, genügend entgiften und aufbauen. Dabei schlägt aber das Pendel genauso stark in die andere Richtung aus, das heißt: Alles, was an Entgiftungs- und Reparaturarbeit versäumt wurde, wird jetzt im Expresstempo und in Form intensiver Heilreaktionen nachgeholt, die in Entzündungen und Ausscheidungen aller Art bestehen. Dabei verhindert der Organismus durch eine gleichzeitige starke Mattigkeit jede weitere Aktivität. Alle diese Symptome sind demnach eigentlich Heilreaktionen und dienen der Wiederherstellung der Gesundheit.

Auch bei jeder Grippe kann man diese beiden Phasen feststellen: Zuerst gibt es einen durch psychische oder körperliche Überforderung entstandenen Stresszustand (zum Beispiel durch Angst oder Enttäuschung, Überanstrengung oder extreme Temperaturen) und danach stellen sich Müdigkeit, Entzündungen (zum Beispiel Angina) und Ausscheidungen (zum Beispiel Schweiß, Rotz, Auswurf) ein.

In der oben erwähnten Phase der *Resignation* fallen die Heilreaktionen schwach aus, weil die Reserven zu Ende gehen — oft wird dann das Nachlassen der Krankheitssymptome irrtümlicherweise für eine Besserung gehalten. (Genauso meinen Eltern manchmal, wenn sie den Widerstand Ihres Kindes gebrochen haben und es endlich „brav" geworden ist, dies sei ein Fortschritt —tatsächlich haben sie es meist nur so geschädigt, dass es keine Kraft mehr hat zum Aufbegehren. Solche innerlich geknickten Kinder entwickeln oft schon bei kleinen Belastungen schwere Krankheiten.)

Wir können also festhalten: Nicht die körperlichen Abwehr- und Entgiftungsreaktionen sind die eigentliche Krankheit, sondern der ihnen vorhergehende Stress durch Überforderungen jeder Art.

Streng genommen ist ein Kind also schon dann krank, wenn es sich im krankhaften Stress befindet beziehungsweise sich nicht mehr wohl fühlt, und nicht erst dann, wenn es deutliche körperliche oder psychische Störungen aufweist. Diese Erkenntnis zeigt, dass eine Heilbehandlung bereits im Stadium *der subjektiven Leiden* und Störungen einsetzen und dass die seelische Not eines Kindes ernst genommen werden müsste: die Frustrationen, Enttäuschungen, Traurigkeiten, Einsamkeiten, Liebesprobleme, Überforderungs- und Minderwertigkeitsgefühle, Ängstlichkeiten und was sonst noch die Sonne im kindlichen Gemüt untergehen lässt.

Hier zeigt sich wieder einmal, dass das größte und wichtigste Heilmittel die Liebe ist. Sie macht die Eltern achtsam und entgegenkommend und veranlasst sie, ihrem Kind das zu geben, was es braucht, oder vor dem zu beschützen, was ihm schadet. Wenn Sie es sich angewöhnen, bei Ihrem Kind auf jene Zustände zu achten, in denen seine Lebensfreude *deutlich* reduziert ist, und schnellstmöglich etwas dagegen zu unternehmen, können Sie es vor mancher Krankheit bewahren.

Wie kann man Heilung verstehen?

Heilung ist die Wiederherstellung des körperlichen, psychischen und seelischen Wohlbefindens. Sie findet in unserem Organismus ständig statt, da er ununterbrochen damit beschäftigt ist, Belastungen abzufangen und auszugleichen, Stoff-wechselgifte auszuscheiden, den täglichen Abbau rückgängig zu machen und krankhafte Abweichungen vom guten Normalzustand zu korrigieren. Im psychischen und seelischen Bereich besteht sie im Bestreben, den Frieden mit sich selbst, den Menschen, der Welt und dem Leben wiederherzustellen, was zu einer ständigen Erweiterung des Bewusstseins und einer flexiblen und realistischen Änderung des Verhaltens führt.

Heilung bedeutet nicht, dass einfach der frühere Zustand exakt rekonstruiert wird, sondern dass man — körperlich, psychisch und seelisch — wieder auf den richtigen Weg zurückgefunden hat. Sie ist persönliche Weiterentwicklung durch erfolgreiche Auseinandersetzung mit dem, was uns krank macht.

Beim *Kind* stehen die körperlichen und psychischen Probleme im Vordergrund. Es wird dadurch geheilt, dass es bekommt, was es braucht (z. B. Vitamine oder Liebe), oder dass ein schädigender Einfluss (z. B. eine Infektionsquelle, ein ungünstiger Umwelteinfluss oder schlechte Behandlung) abgestellt wird. Man sollte einem Kind krank machenden Stress ersparen, das heißt sehr sensibel darauf achten, dass man es nicht durch überzogene Erwartungen unter starken Druck setzt oder durch seine eigenen Probleme überfordert.

Wie wir gesehen haben, setzt die Heilung immer dann ein, wenn der krank machende Stress aufhört und der Organismus in die Entspannungsphase kommt. War der Stress nicht sehr stark, fällt auch die Entgiftungs- und Reparaturarbeit nur leicht aus und wird kaum wahrgenommen. Aber von einem bestimmten Ausmaß an - das der vorhergehenden Schädigung entspricht - wird sie unangenehm. Denn der Organismus versucht durch intensive Heilungsreaktionen (s. unten) möglichst schnell wieder normale, gesunde Zustände zu schaffen. Wir sollten uns, um sie richtig deuten zu können, darüber im Klaren sein, dass sich in ihnen *die bereits einsetzende Heilung* zu erkennen gibt. (Unter sehr ungünstigen Bedingungen können diese Reaktionen so stark ausfallen, dass sie tödlich werden. In diesem Fall bleibt als letzte Möglichkeit nur ihre Blockierung mit allopathischer Therapie - s. unten.)

Auch die durch so genannte Krankheitserreger erzeugten Symptome sind Bestandteil solcher Heilungsprozesse. Der Organismus setzt sie gewissermaßen für bestimmte Ziele ein, er lässt es zu, dass sie aktiv werden und ihre speziellen Funktionen erfüllen. Das erklärt, warum bei schweren Epidemien nicht alle Menschen krank werden.

Die wichtigsten Heilungsreaktionen sind:

* *Fieber,* bei dem durch Erhöhung der Körpertemperatur verstärkte Abwehrarbeit geleistet und u.a. Krankheitserreger inaktiviert, Gifte" neutralisiert und Abwehrstoffe erzeugt werden. Daher gibt es sogar ein Therapieverfahren, bei dem künstliches Fieber erzeugt wird.
* *Schwitzen,* bei dem der Organismus über die Haut entweder überzähliges Wasser und/oder Stoffwechselgifte ausscheidet (der Volksmund sagt deshalb: „Die Haut ist die dritte Niere.") oder sich durch Verdunstung abkühlt.
* *Durchfall,* durch den der Körper in Form beschleunigter

Ausscheidung Krankheitserreger und Gifte eliminiert; auch psychische Erschütterungen werden oft auf diese Weise „abgeführt" (z. B. wenn man sich vor Angst in die Hose macht).
* *Husten,* mit dessen Hilfe der Organismus Fremdkörper, Gifte, störende Substanzen (Schleim und Eiter) aus den Bronchien entfernt.
* *Erbrechen,* mit dessen Hilfe der Organismus schädliche Stoffe und Substanzen aus dem Magen entfernt.
* *Entzündung,* die meist mit Erwärmung, Rötung, Schwellung und Schmerz einhergeht und eine natürliche örtliche Abwehr- und Reparaturmaßnahme ist.
* *Eiter,* der unter Mitwirkung bestimmter Bakterien aus weißen Blutkörperchen und eingeschmolzenem Gewebe entsteht und mit dessen Hilfe der Organismus geschädigte Zellen oder Gewebe ausscheidet.
* *Ausschlag oder Ekzem,* eine Hautreaktion, durch die der Organismus schädliche Substanzen loswird oder örtliche Schäden repariert.
* *Juckreiz,* der dazu führen soll, dass man Ausscheidungen schädlicher (von innen ausgetretener oder von außen aufgebrachter) Stoffe oder Gifte von Parasiten durch Kratzen von der Hautoberfläche entfernt.
* *Steine,* die eine Art Ablagerung schädlicher Substanzen sind.
* *Tumoren,* die man ja auch als „Neubildungen" bezeichnet und die einen Versuch des Organismus darstellen, allerschwerste körperliche oder psychische (diese vor, allem!) Schädigungen zu reparieren oder auszugleichen.
* *Verhaltensauffälligkeiten, Neurosen, Psychosen,* die einen Versuch darstellen, aus einer unguten Situation das Beste zu machen.

Wenn man sich klar macht, dass die „Krankheitssymptome" in Wirklichkeit der Erhaltung und Wiederherstellung der Gesundheit dienen, erkennt man, wie unsinnig es ist, sie zu bekämpfen. Sinnvoller ist es, den Organismus in diesem seinem Heilungsbestreben zu unterstützen, so dass die Reaktionen leichter ausfallen und schneller beendet werden können — noch besser aber wäre es, dafür zu sorgen, dass der krank machende Stress erst gar nicht entstehen kann.

Krankheit und Schicksal

Noch einige grundsätzliche Gedanken über das Wesen der Krankheit sind unerlässlich. Sie besteht ja nicht nur aus den äußerlich erkennbaren Veränderungen, Symptomen und Beschwerden, sondern gibt auch unserem Lebensweg eine andere, unerwartete Richtung und erzeugt seelische Leiden. *Sie ist also auch ein Ausdruck unseres Schicksals.*

Wie auch immer man dieses definieren will — das Wesentliche an ihm ist, dass sich in ihm eine höhere und unbegreifliche Wesenheit oder Ordnung äußert, die über uns bestimmt. (Man nennt das Schicksal ja auch „Bestimmung".) Selbst wenn wir meinen, unser Leben aus eigener Verantwortlichkeit und nach unserem freien Willen gestalten zu können, bleibt immer noch die Tatsache, dass wir es uns weder selbst gegeben haben, noch es beliebig lange erhalten können, dass wir zu allem, was wir unternehmen, „Glück" (woher kommt es?) brauchen und dass wir das „Unglück", das uns getroffen hat, nicht abwenden konnten.

Bei Krankheiten wird besonders deutlich, wie sehr wir dem Schicksal ausgeliefert beziehungsweise auf den „Segen des Himmels" oder unser Glück angewiesen sind. Denn obwohl wir uns so sehr dagegen absichern und so viele Erfolg versprechende Therapien entwickelt haben, können wir viele Krankheiten weder verhindern noch heilen. Letztlich bleibt uns dann nichts anderes übrig, als sie innerlich anzunehmen (was nicht ausschließt, dass wir uns weiterhin um eine Besserung bemühen).

Die *Erkenntnis unseres Ausgeliefertseins* ist deshalb wichtig, weil sie uns bewusst macht, dass es eine transzendente Dimension („Gott", Schicksals macht, kosmische Ordnung) gibt, die über allem Irdischen steht und in der wir geborgen sind. Daraus entsteht das Vertrauen, dass alle Geschehnisse unseres Lebens — auch die Schicksalsschläge — einen höheren Sinn haben und immer auch Chancen zu geistig-seelischem Fortschritt und menschlichem Wachstum darstellen.

Gerade wenn Eltern mit einer schweren, vielleicht sogar tödlichen Krankheit ihres Kindes konfrontiert werden — oder anders gesagt: mit dessen persönlichem, unbegreiflichen und ihnen unsinnig erscheinenden Schicksal —, brauchen sie, um positiv bleiben und ihrem Kind beistehen zu können, eine lebendige Verbindung nach „drüben", eine positive Ahnung, Gewissheit oder Perspektive.

Begnügen Sie sich nicht damit, Ihr krankes Kind in eine gute ärztliche Behandlung zu geben, sondern suchen Sie auch für sich die Gewissheit, dass alles, was geschehen wird, seinen Sinn hat und für alle Beteiligten ein weiterer Schritt zum „Heil" ist. Dann werden Sie Ihr Kind mit innerer Ruhe begleiten und ernste therapeutische Entscheidungen, vor die Sie gestellt werden, richtig treffen können. Auch eine angeborene Krankheit des Kindes ist eine Schicksalsprüfung für die Eltern, für die sie seelische Klarheit brauchen. Zum Beispiel kann die Behinderung ihres Kindes für sie bedeuten, dass sie mehr Selbstlosigkeit entwickeln oder eine andere Einstellung zum Leben finden müssen. Es kann aber auch richtig sein, das Kind in eine Pflege zu geben, die besser ist, als es ihre eigene sein könnte, weil sie ihr nicht gewachsen wären. Dazu braucht man große Ehrlichkeit sich selbst gegenüber sowie ein offenes Ohr und ein vertrauensvolles Herz für die göttliche Macht, die jeden Menschen auf seinem eigenen, richtigen (allerdings oft unbegreiflichen) Weg führt.

KRANKHEITSURSACHEN

Häufige körperlich wirksame Krankheitsursachen

Erbmasse: Wenn wir nach jenen Krankheitsursachen suchen, die primär den Körper betreffen, so müssen wir eigentlich schon vor der Zeugung des Kindes beginnen, da die Eltern in ihrer Erbmasse einen Teil ihrer eigenen Krankheiten an die Kinder weitergeben. (Übrigens lassen sich bei Kindern viele ererbte Krankheitsdispositionen, falls sie nicht zu organischen Defekten geführt haben, mit Homöopathie bessern oder heilen.) Daher sollten sie, wenn sie ein Kind haben wollen, möglichst frühzeitig bei sich für einen guten Gesundheitszustand sorgen (-> *Kap. Verantwortung*).

Unfälle: Der sicherste Schutz gegen Gefahren aller Art besteht darin, dem Kind die Freiheit zur selbständigen Erkundung seiner Welt zu lassen. Wenn es sich körperlich austoben und seiner natürlichen Neugier nachgehen darf, entwickelt es seine grundlegenden Instinkte und wird fähig, sich in schwierigen oder gefährlichen Situationen richtig zu verhalten. Dennoch wird es natürlich gelegentlich einmal „auf die Nase fallen" und sich weh tun. Dann sollte man ihm nicht vorschnell Trost aufdrängen, sondern ihm zunächst einmal Gelegenheit geben, allein damit zurechtzukommen. Hilfe ist nur dann angebracht, wenn ihm dies nicht gelingt, wenn es also sehr schockiert oder verletzt ist oder wenn es selbst ernsthaft danach verlangt. Sich ihm dann zu entziehen oder es zurückzustoßen würde sein Vertrauen schädigen. Es schadet nichts, wenn sich ein Kind einmal weh tut oder einen Schrecken bekommt. Denn was es nicht *jetzt* lernt, muss es später in der Welt der Erwachsenen unter wesentlich ernsteren Bedingungen nachholen.

Es gibt aber Gefahren, vor denen man es unbedingt schützen muss. Dazu gehört vor allem die Elektrizität. Geschützte Steckdosen und sichere Elektrogeräte (die man vor kleinen Kindern wegschließt) sollten selbstverständlich sein. Ein vitales Kind ist von Natur aus neugierig und will alles, was es noch nicht kennt, einmal ausprobieren. Vergiftungen und Verbrennungen sind die häufigsten Unglücksfälle im kleinkindlichen Leben. Daher ist der umsichtige Umgang mit allem, was heiß ist, unbedingte Pflicht der Eltern. Ein kleines Kind weiß nicht, dass der heiße Kaffee, der auf dem Tisch steht, es verbrühen wird, wenn es die Tischdecke herunterzieht, und es kann sich nicht vorstellen, welche Folgen ein aus Spaß angezündetes Streichholz haben kann.

Giftige Substanzen (auch Medikamente): Diese müssen unbedingt für das kleine Kind unerreichbar sein, weil es in seinem Drang, die Welt kennen zu lernen, alles ausprobiert. Es genügt meist nicht, das kleine Kind davor zu warnen oder ein Verbot auszusprechen, denn gerade dieses wirkt oft als Anreiz.

Ernährung: Dass chemisch behandelte Nahrungsmittel Gesundheitsschäden hervorrufen können, ist inzwischen allgemein bekannt. Sie würden erschrecken, wenn Sie wüssten, was hier alles verwendet wird und wie Ihre Nahrung üblicherweise erzeugt und behandelt wird! Unter gesundheitlichen Gesichtspunkten ist es dringend zu empfehlen, sich mit biologisch erzeugten Nahrungsmitteln zu ernähren, auch wenn sie etwas teurer sind. (Übrigens unterstützen Sie damit auch den Umweltschutz.)

Viele Schadstoffe in der Nahrung haben schleichende Langzeitwirkungen, die bei wachsenden Kindern die ganze Entwicklung beeinträchtigen können. Wenn Sie beim Verzehr nicht gleich tot umgefallen oder schwer krank geworden sind, bedeutet dies keineswegs, dass das betreffende Nahrungsmittel gesund war, denn viele kleine Gifte addieren sich mit der Zeit. Auch die Tatsache, dass eine Speise schmeckt, ist kein sicheres Kriterium. *Rudolf Steiner,* der Begründer der Anthroposophie, sagte in diesem Zusammenhang sinngemäß: „Das Essen muss nicht nur der Zunge schmecken, sondern auch dem Körper." Das heißt: Ein wohlschmeckendes Essen kann durchaus krank machen. Rattengift zum Beispiel schmeckt den Ratten so gut, dass sie es gerne verzehren.

Sparen Sie nicht am Essen, essen Sie im Zweifelsfalle lieber etwas einfacher (dann wird auch die biologische Ernährung erschwinglich), dafür aber gesünder. Untergründige Vergiftungen durch chemisch behandelte Nahrungsmittel lassen sich mit den üblichen, zu groben Labormethoden im Körper nur selten nachweisen. Dazu muss man sich spezieller, bioelektronischer Methoden bedienen, mit denen man übrigens auch geeignete Medikamente zur Ausleitung der Gifte bestimmen kann.

Physikalische Einflüsse und Strahlung: Hierzu gehören extreme Kälte, Hitze und Sonnenbestrahlung. Da Verbrennungen durch die Sonne meist erst erkennbar werden, wenn der Schaden bereits eingetreten ist, sollten Kinder bei starker Sonnenbestrahlung rechtzeitig durch Kleidung (Mütze, evtl. Sonnenbrille) dagegen geschützt werden. Die Reduktion des schützenden Ozons hat die Aggressivität der Sonnenstrahlen offensichtlich deutlich erhöht. Dennoch sollen sich die Kinder in einem vernünftigen Ausmaß in der Sonne aufhalten, weil sie ein wichtiger Gesundheitsfaktor ist (u. a. bildet sie Vitamin D in der Haut). Übrigens sind die chemischen Sonnenschutzfaktoren in der üblichen Kosmetik gesundheitlich bedenklich, vor allem, wenn sie großflächig und oft verwendet werden. (Die Haut leitet nämlich Substanzen, mit denen sie in Kontakt kommt, zum großen Teil nach innen weiter.) Im Prinzip kann man sich an der Hautreaktion orientieren: Starke biologische Sonnenschutzpräparate in Verbindung mit maßvoller Sonnenbestrahlung sind die beste Lösung.

Schädigungen, die man nicht direkt bemerkt, die aber Langzeitwirkungen haben und sich gegenseitig verstärken, können von den modernen technischen Strahlungen (Radioaktivität, Röntgen, Mikrowellen, Fernsehen, Mobilfunk, Solarium) ausgehen. Seien Sie lieber vorsichtig damit, auch wenn man Ihnen deren Ungefährlichkeit beteuert. Lassen Sie Ihr Kind nur röntgen, wenn es unumgänglich ist.

Fernsehen hat nicht nur einen körperlich ungünstigen Einfluss (Strahlen, Belastung von Augen und Nerven, lange Bewegungslosigkeit im Zimmer u. a.), sondern wirkt sich beim üblichen, unkritischen Konsum auch negativ auf die geistige Entwicklung des Kindes aus, das dabei in eine künstliche, manipulierte Welt entführt wird und keine wesentliche kreative Leistung erbringen muss. Dem Kind das Fernsehen ganz vorzuenthalten ist aber auch nicht zu empfehlen, weil es dadurch in eine Außenseiterrolle geraten und den Kontakt zur Geisteswelt seiner Altersgenossen verlieren kann. Daher ist es guter Kompromiss, ihm bestimmte, geeignete Sendungen zu gestatten und zeitliche Grenzen zu setzen nach dem Motto: nicht zu wenig, aber auch nicht zu viel. Das Fernsehen sollte und kann kein Ersatz für die menschliche Zuwendung sein. Übrigens wird das Interesse an der vorgekauten Fernsehkost umso geringer, je mehr man dem Kind kreative Anregungen, Spiele und interessante Unternehmungen bietet oder ermöglicht.

Auch der so genannte Elektrosmog kann den Organismus, vor allem das Nervensystem, belasten. Er besteht in den Auswirkungen elektrischer Apparate aller Art, die Strahlung abgeben und so genannte elektromagnetische Felder erzeugen. Es ist sicher nicht günstig, in der unmittelbaren Nähe von Hochspannungsleitungen zu leben; auch in der Nähe elektrischer Geräte sollten sich Kinder nicht dauernd aufhalten und schon gar nicht schlafen. (Es gibt jetzt kleine Messgeräte, mit denen man solche Belastungen aufspüren kann.) Lampen und Radiowecker in der Nähe des Kopfes sind belastend und können Schlafprobleme und nervöse Störungen auslösen. Am sichersten ist ein so genannter Netzfreischalter, der den Aufbau elektromagnetischer Felder verhindert, sobald das Licht ausgeschaltet ist. Auch schnurlose Telefone und Handys gelten als gesundheitlich bedenklich, denn sie können bestimmte Bereiche des Gehirns belasten. Die Strahlung der Mobilfunkgeräte öffnet gewaltsam die normalerweise dichte und schützende Blut-Hirn-Schranke, was dazu führt, dass schädliche Substanzen in das zentrale Nervensystem eindringen können und dort zur Entwicklung diverser Hirn- und Nervenkrankheiten beitragen können.

„Erdstrahlen": Wenn Ihr Kind nicht gut gedeiht, schlecht schläft oder nervös ist, empfiehlt sich eine baubiologische Untersuchung, bei der nicht nur Elektrosmog, giftige Materialien und Farben, sondern auch eine so genannte Erdstrahlung (Wasseradern u. ä.) festgestellt werden können. Zwar sind diese beim derzeitigen Stand der Wissenschaft noch nicht erklärbar, dennoch steht seit Menschengedenken fest, dass sie in irgendeiner Form existieren. Dafür sprechen die unzähligen Erfolge bei der Schlafplatzsanierung durch erfahrene Rutengänger. Es ist oft verblüffend, wie gut und gerne Kinder auf einmal schlafen, wenn ihr Bett an einen „strahlenfreien" Platz gestellt wird.

Krankheitserreger: Bakterien, Viren, Pilze u. ä. können charakteristische Krankheitserscheinungen hervorrufen. Dazu brauchen sie meist aber bestimmte Lebens- und Wachstumsbedingungen, die vom Zustand des Organismus abhängen. Oft (vielleicht immer) haben sie bestimmte Funktionen im Rahmen von Heilungsprozessen und der Organismus bedient sich ihrer, indem er ein entsprechendes „inneres Milieu" erzeugt. Deshalb verschwinden sie normalerweise, sobald der Gesamtzustand wieder normal ist. Die meisten „Erreger" kann man mit den Schimmelpilzen in einer feuchten Wand vergleichen — sobald diese wieder trocken ist, verschwinden sie, ohne dass man direkt etwas gegen sie unternehmen muss. Ähnlich ist es bei der Therapie von Infektionskrankheiten: Wenn die eigentliche Krankheitsursache beseitigt und der innere Zustand normalisiert ist, verschwinden sie, ohne dass man sie mit speziellen Giften (Antibiotika) töten muss, die nebenher auch den Organismus schädigen. Die allermeisten Infektionskrankheiten lassen sich übrigens homöopathisch heilen; die antibiotische Therapie braucht daher nur sehr selten in Notfällen eingesetzt zu werden.

Dass eine gewisse Hygiene eingehalten werden sollte, die das Kind vor Kontakt mit gefährlichen, ansteckenden Krankheitserregern schützt, ist selbstverständlich. Eine (allerdings sehr umstrittene) Methode, evtl. das Entstehen jener Krankheitsbilder zu verhindern, an denen die Erreger beteiligt sind, ist die Impfung. Da eine echte Schutzwirkung auch in großen Untersuchungen nicht zweifelsfrei nachgewiesen werden konnte und eine gewisse Gefahr von schädlichen Nebenwirkungen bekannt ist, sollten Sie sich in dieser Frage von einem erfahrenen, homöopathisch arbeitenden Kinderarzt beraten lassen.

Parasiten: Dies sind kleine Lebewesen, die sich im Körper einnisten und/ oder auf seine Kosten leben. Sie können erhebliche Störungen – vor allem Allergien - hervorrufen, weil sie Fremdkörper sind, giftige Stoffe absondern und auch Zerstörungen hervorrufen können. Zu ihnen gehören große und winzige Würmer und Darmparasiten, die manchmal den ganzen Körper überschwemmen. Hier ist vor allem Hygiene wichtig. Gewöhnen Sie Ihr Kind an Sauberkeit; vor allem soll es keine unsauberen Dinge in den Mund stecken, sich nicht von Tieren (vor allem im Gesicht) ablecken lassen und nach Kontakt mit Tieren immer die Hände waschen.

Verletzungen: Natürlich sollte man nicht jede kleine Prellung übertrieben beachten, dennoch ist es richtig, echte Verletzungen gut zu versorgen, um Folgeschäden zu verhindern. Schädelprellungen rufen oft kleine Blutungen im Inneren hervor, die zwar meist nicht gefährlich sind, aber eine Vielzahl von Störungen (z.B. Kopfschmerzen, Epilepsie, Denkprobleme usw.) hervorrufen können. Abgesehen davon muss das Kind nach jedem stärkeren Schlag auf den Kopf oder einer Prellung 2-3 Tage genau beobachtet und ruhig gestellt werden und bei irgendwelchen Auffälligkeiten oder Beschwerden klinisch untersucht werden. Denn in dieser Zeit können immer noch Blutungen auftreten. Auf jeden Fall sollten Sie Ihrem Kind sogleich *Arnica* (am besten. in der 6. Potenz 5 x täglich) geben, um eine evtl. Blutung zu stoppen und den Bluterguss zu beseitigen. Wichtig ist auch zu wissen, dass schlecht geheilte Wunden und Entzündungen, mit der Zeit Störungen im Körper auslösen können, die scheinbar in keinem Zusammenhang mit ihnen stehen. Zum Beispiel werden oft Rheuma, Asthma, Migräne, Arthritis u. a. durch eine Narbe an irgendeinem Körperteil hervorgerufen. Solche „Störfelder" kann man relativ leicht mittels *Neuraltherapie nach Huneke (> Literaturverzeichnis)* „entstören", woraufhin die entsprechende Krankheit oft wie durch ein Wunder verschwindet. Falls Ihr Kind unter einer Krankheit leidet, deren Ursache unklar ist oder die sich nicht heilen lässt, empfiehlt sich unbedingt eine Untersuchung durch einen Neuraltherapeuten.

Gifte: Hierzu gehören nicht nur jene Chemikalien, die offiziell als giftig gelten (Pflanzenschutzmittel etc.), sondern auch jene Gebrauchschemikalien, die trotz der Unbedenklichkeitserklärung der Hersteller auf Dauer schädigend wirken können: Insektenschutzmittel (auch die Pyrethroide in den Verdampfungsplättchen, die Nervengifte enthalten), Lösungsmittel in Farben, Holzschutzmittel, Mottenschutzmittel in Textilien und Teppichböden. Im Zweifelsfalle lohnt sich eine baubiologische Untersuchung. Die gesundheitlichen Schädigungen können erheblich sein. Man muss bedenken, dass Stoffe, die auf irgendein Lebewesen (und sei es nur ein Insekt) schädlich wirken, dies in einem gewissem Umfang auch beim Menschen tun, da ja auch er ein Lebewesen ist.

Natürlich wirken auch Autoabgase an stark frequentierten Straßen giftig, weshalb man — wenn möglich — dort nicht wohnen sollte. Es ist auch nicht gut, auf ihnen kleine Kinder in Kinderwagen oder Fahrradanhängern herumzufahren, weil viele Schadstoffe nach unten sinken (abgesehen davon, dass man das Kind dabei völlig ungeschützt dem gefährlichen Verkehr aussetzt).

Dass die meisten chemischen Medikamente schädliche Nebenwirkungen haben, ist inzwischen allgemein bekannt. (Lesen Sie nur die Beipackzettel!) Daher sollten sie nur in wirklich dringenden Fällen - unter kritischer Abwägung der Vor- und Nachteile - angewendet werden. Bei den *allermeisten* Krankheiten sind homöopathische Medikamente nicht nur gesünder, sondern auch wirksamer.

Klima: Bestimmte Gegenden können gesundheitlich belastend sein (zum Beispiel viel Föhn, viel Regen, viel kalter Wind). Auch das Mikroklima einer bestimmten Gegend kann schlecht sein (zum Beispiel Sumpfgebiete, Gegenden mit Luftstau und Smog) und sogar das Wohnklima (zu feucht, schlechte Luft, zu dunkel, zu laut usw.). Eventuell ist es im Interesse des Kindes nötig, in eine andere Gegend oder Wohnung zu ziehen. Eine baubiologische Untersuchung kann bei der Entscheidung helfen. Man braucht nur einmal zu bedenken, wie stark schon das Gedeihen einer Pflanze vom richtigen Standort und Mikroklima abhängt, um sich klar zu machen, welch wichtiger Faktor dies auch beim heranwachsenden Kind ist.

Häufige psychisch wirksame Krankheitsursachen

Mit psychischen Krankheitsursachen sind jene Einflüsse und Erlebnisse gemeint, die das Kind nicht positiv verarbeiten kann und die Störungen hinterlassen. Es sollte Sie immer alarmieren, wenn Ihr Kind nicht mehr so fröhlich, offen und kontaktbereit ist wie bisher, wenn es oft weint, ablehnend wird oder die Freude am Spielen verliert, wenn es ängstlicher als sonst oder auffallend anhänglich wird. Auch mangelnder Appetit und unruhiger Schlaf, ein blasses Gesicht oder Schatten unter den Augen - und natürlich Krankheiten jeder Art weisen darauf hin, dass ihm etwas fehlt.

Nehmen Sie dann seine Klagen ernst, auch wenn sie objektiv unberechtigt oder übertrieben erscheinen, denn wie wir gesehen haben, beginnt fast jede Krankheit als subjektive „Befindlichkeitsstörung". Gerade bei kleinen Kindern werden die Zeichen seelischer Beschädigung, die Auffälligkeiten, Verhaltensstörungen und Kränklichkeiten meist bagatellisiert, ignoriert oder unterdrückt. Das ist nicht nur problematisch, weil daraus Verhaltensstörungen werden können, sondern auch gefährlich, weil sie in ernste körperliche Krankheiten münden können (zum Beispiel Asthma beim verängstigten, Hautkrankheiten beim abgelehnten oder Leukämie beim gedemütigten Kind).

Zu wenig Zuwendung und Liebe: Wie wichtig die elterliche - vor allem die mütterliche - Zuwendung für ein Kind ist, ergibt sich aus der Tatsache, dass es völlig hilflos auf die Welt kommt. Sein Überleben hängt davon ab, dass sich jemand um es kümmert, es liebt, nährt, schützt, pflegt. Daher empfindet es jede stärkere Reduktion der Zuwendung instinktiv als lebensgefährlich (es kann ja nicht beurteilen, wie lange dieser

Zustand anhalten und welches Ausmaß er annehmen wird) und gerät in eine Panik, die sich in Verhaltensauffälligkeiten wie Weinen, Still- und Starrwerden, ängstlichem Gesichtsausdruck oder Anklammern, aber auch in körperlichen Krankheiten äußern kann. (Oft treten im Anschluss an einen traumatischen Zuwendungsverlust Hauterkrankungen wie zum Beispiel Neurodermitis auf.) Das Schlimmste daran aber ist, dass das Kind dabei einen Teil seines Urvertrauens verlieren kann. Es versteht einfach nicht, warum es abgelehnt wird und warum man ihm nicht gibt, was es braucht. Fortan lauert in ihm eine untergründige Angst, weil seine schlechten Erfahrungen ihm gezeigt haben, dass man sich in dieser Welt auf nichts und niemanden verlassen kann.

Wie viel Zuwendung ein Kind braucht, hängt zum Teil von seiner Veranlagung ab. Es gibt einerseits ausgesprochen anhängliche, liebesbedürftige Kinder, um die man sich ständig kümmern muss, und auf der anderen Seite unabhängige und freiheitsliebende, die mit weniger Zuwendung und Beachtung auskommen und diese sogar lästig finden können. Je nachdem, wie nun die Mutter oder die Bezugsperson veranlagt ist, können daraus Probleme entstehen. Eine von Natur aus eher unabhängige, kühle Mutter wird einem Kind, das sehr beziehungs- und liebesbedürftig ist, nie so viel Zuwendung geben können, wie es braucht. Umgekehrt kann eine sehr gefühlsbetonte und liebesbedürftige Mutter ihr Kind, wenn es einen nüchternen und unabhängigen Charakter besitzt, gefühlsmäßig zu stark bedrängen. Solche Problem-konstellationen, die man unter dem Gesichtspunkt „Schicksal" betrachten muss, lassen sich nie richtig lösen. Während dann das eine Kind immer das Gefühl hat, nie genug Zuwendung zu bekommen, fühlt sich das andere ständig in seiner persönlichen Freiheit beschnitten, und es gibt sogar Menschen, auf die beides zutrifft.

Die Unfähigkeit, ihrem Kind genügend Zuwendung zu geben, kann auch die Folge einer psychischen Störung der Eltern sein - zum Beispiel zu viele Probleme mit sich selbst oder dem/r Partner/in, keine echte Lebensfreude oder eine insgesamt negative Lebenseinstellung. Zur Überwindung solcher Probleme hat sich neben der Psychotherapie besonders die *Bach-Blüten-Therapie* bewährt.

Weiterhin kann eine allgemeine berufliche, psychische oder körperliche Überlastung der Grund dafür sein, dass Eltern ihr Kind zu kurz kommen lassen. Manchmal beginnt aber mit dessen Krankheit ein umwälzender Bewusstwerdungsprozess, der die Frage klärt, was denn das Wichtigste in ihrem Leben ist.

In diesem Zusammenhang müssen wir uns noch einmal daran erinnern, wie wichtig eine liebevolle Beziehung zwischen den Eltern ist — nicht nur, weil sich die Belastungen des Elternstandes gemeinsam leichter ertragen lassen, sondern weil es davon auch abhängt, ob jene gute Stimmung in der Familie herrscht, die das Kind braucht, um sich geborgen zu fühlen.

Schlechte Behandlung: Überall in der Welt werden Kinder, indem man ihre Schwäche ausnützt und ihre Persönlichkeitsrechte missachtet, schlecht behandelt: Strenge, Ungerechtigkeit, Unterdrückung, Demütigungen, Beleidigungen, Erpressungen, Bestrafungen oder seelische Quälereien gehören - oft sehr subtil - zum Alltag und zur Grunderfahrung der meisten Kinder. Eine schockierende Feststellung! Natürlich gehen sie daran meist nicht zugrunde, denn es heißt ja auch: „Was dich nicht umbringt, macht dich stark!" Aber ob sich ein Kind nun geknickt unterwirft und weitere Misshandlungen in Kauf nimmt, ob es trotzig aufbegehrt, ob es innerlich unempfindlich oder verhärtet wird - die innere Harmonie geht dabei verloren und eine positive Einstellung zu den Menschen und zum Leben wird sehr erschwert.

Konkurrenz: Die Zuneigung ihrer Mitglieder ist die Grundlage der Familie. Gleichzeitig herrscht aber auch ein dauernder, latenter Konkurrenzkampf, weil hier ein begrenzter Lebensraum aufgeteilt werden muss und jedes Mitglied in der „Hackordnung" seinen ihm zustehenden Platz einnehmen will. Dieses Gerangel und gegenseitige Kräftemessen, das manchmal recht subtil stattfindet, endet nie, kann aber durch einen insgesamt freundschaftlichen und versöhnlichen Geist in der Familie, den die Eltern verbreiten, neutralisiert werden.

Oft führt allerdings die latente Angst der älteren Generation vor der jüngeren zu unterdrückenden Erziehungsmaßnahmen. Besonders stark kann dieses Konkurrenzverhältnis in Verbindung mit der Sexualität sein, wo es sich schon sehr früh als Eifersucht äußert und die Eltern dazu treiben kann, die heranreifende Sexualität des Kindes zu unterdrücken (-> *Kap. Familiäre Eifersucht*).

Ein intaktes Selbstwertgefühl ist die Basis der psychischen und physischen Gesundheit jedes Menschen. Wichtig ist es daher, dem Kind bei jeder geeigneten Gelegenheit durch anerkennendes Lob und Ermutigung ein gesundes Selbstvertrauen zu vermitteln. Herabsetzende Bemerkungen oder Demütigungen dürfen einfach nicht vorkommen, weil sie das unerfahrene Kind, das instinktiv darauf eingestellt ist, den Eltern Glauben zu schenken, in Selbstzweifel stürzen und damit seine Entwicklung behindern können. Notfalls sollten Vater oder Mutter ihr eigenes Licht zugunsten ihres Kindes unter den Scheffel stellen.

Auch zwischen Kind und gleichgeschlechtlichem Elternteil oder umgekehrt kann es zu krank machenden Revierkämpfen kommen. Um diese zu verhindern, müssen die Eltern nicht nur liebevoll und tolerant sein, sondern ihren heranwachsenden Kindern immer mehr von ihrem „Revier" abtreten, damit diese zufrieden, selbständig und lebenstüchtig werden können.

Eifersucht: -> *Kap.* Familiäre Eifersucht.

Schlechte Stimmung oder Streit in der Familie: Eine schlechte Stimmung innerhalb der Familie ist Gift für die psychische Entwicklung des Kindes. Meist sind es Streitereien zwischen den Eltern, die die Atmosphäre verpesten und das Kind belasten. Eine liebevolle oder zumindest freundschaftliche Beziehung zwischen den Eltern erzeugt Toleranz,

Verständnis und Entgegenkommen. Aus einer schlechten Elternbeziehung aber ergeben sich wie bei allen Feindverhältnissen unangenehme Intrigen, in die das Kind meist einbezogen wird. Dass ihm das nicht gut tut, braucht nicht besonders betont zu werden.

Grundsätzlich sollten Kinder nicht in elterliche Streitigkeiten, die es natürlich auch in guten Partnerbeziehungen gibt, hineingezogen werden. Sie können nicht verstehen, worum es dabei geht, und wollen eigentlich auch nicht Partei ergreifen, weil sie zu Vater und Mutter eigenständige Beziehungen haben. In einer guten Partnerbeziehung werden die Eltern ihre Meinungs-verschiedenheiten so klären können, dass das Kind nicht wesentlich davon berührt wird. Da die meisten Konflikte dadurch entstehen, dass ein Partner vom anderen etwas verlangt, das diesem unmöglich ist, kann mit Toleranz und Selbstkritik auch in einer problematischen Elternbeziehung der meiste Streit vermieden werden.

Trennung der Eltern: **Falls Sie sich aber doch trennen müssen, sollten Sie die Kinder ganz aus Ihrem Partnerkonflikt heraushalten. Versuchen Sie niemals, Ihr Kind auf Ihre Seite zu ziehen und es gegen Ihre/n Partner/in aufzuhetzen. Es muss seine Beziehung zu beiden Eltern in aller Freiheit und in dem** *von ihm gewünschten Maße* **aufrechterhalten dürfen. Machen Sie ihm auf keinen Fall ein schlechtes Gewissen, wenn es nach der Scheidung seinen Vater oder seine Mutter gerne besucht. Genauso schlimm wäre es, dem Kind den Vater oder die Mutter schlecht zu machen. Abgesehen von der dabei entstehenden Missstimmung wird dadurch sein Vater- oder Mutterbild beschädigt, dessen Intaktheit wichtig für seinen inneren Frieden und sein Selbstwertgefühl ist. Sagen Sie zum Beispiel nicht zu Ihrem Kind: „Dein Vater ist ein Lump (oder: ein Säufer) !" oder „Deine Mutter ist eine Schlampe (oder: eine Hure)!", denn Ihr Kind will keinen versoffenen Vater und keine liederliche Mutter haben. Seien Sie ihm ein Vorbild an Freundlichkeit und Toleranz, auch gegenüber Ihrem/r Partner/in, von dem/r**

Sie vielleicht enttäuscht sind.

Kindesmissbrauch: Unter Missbrauch versteht man den bestimmungswidrigen und schädigenden Gebrauch eines Gegenstandes. Einen Menschen zu missbrauchen heißt also, ihn zu einem Gegenstand zu erniedrigen, seine subjektive Menschenwürde zu missachten und ihm Schaden zuzufügen. Dies ist weit verbreitet; überall in der Welt werden Menschen unter Missachtung ihrer Persönlichkeitsrechte für irgendwelche Ziele und Vorteile benutzt. Die psychologischen Grundlagen hierfür werden schon in der Kindheit geschaffen, indem die Kinder daran gewöhnt werden, sich gebrauchen zu lassen und andere (auch Tiere!) zu ihrem Vorteil zu gebrauchen.

Wenn man die Eltern-Kind-Beziehungen betrachtet, findet man viele Formen des Missbrauchs, der, weil allgemein üblich, gar nicht mehr als solcher erkannt wird. Dazu gehört zum Beispiel die Gewohnheit mancher Eltern, ihr Kind als Partnerersatz zu benutzen. Dies ist zwar, wenn sie in einer schlechten Ehe leben, menschlich verständlich und kann dem betreffenden Elternteil viel Freude bereiten, bedeutet aber nicht nur ein Ausnutzen der gefühlsmäßigen Abhängigkeit des Kindes, sondern auch „zweckwidrigen Gebrauch", weil das Kind sich normalerweise mit zunehmendem Alter von den Eltern lösen soll. Daran wird es durch die latent inzestuöse Bindung gehindert und kann zu gegebener Zeit keine wirkliche Liebesbeziehung aufnehmen.

Für die älteren Mütter oder Väter, die ihr Leben in schöner Selbstverständlichkeit an der Seite ihrer „erwachsenen" Söhne oder Töchter (die natürlich ledig geblieben sind) verbringen, ist es sicher schön, einen Partner zu haben, den sie sich sozusagen selbst herangezogen zu haben und der von ihnen emotional abhängt. Für das Kind aber bedeutet es Behinderung oder Gefangenschaft. Will es sich daraus lösen und eventuell sogar eine Liebesbeziehung aufnehmen, so gibt es meist Vorwürfe, Eifersucht, gefühlsmäßige Erpressung durch demonstratives Leiden oder Krankheit.

Im Grunde ist auch die Gewohnheit, Kinder als „seelische Mülleimer" zu benutzen, eine Art Missbrauch. Viele Eltern ziehen ihr Kind in ihre Sorgen und persönlichen Schwierigkeiten hinein, um sich zu erleichtern. Bedenken Sie aber bitte, falls auch Sie dazu neigen, dass Sie damit Ihr Kind zwingen, gefühlsmäßig an Ihrem Leiden teilzunehmen, ohne dass es richtig damit umgehen kann. Manch tiefgründige Traurigkeit oder Angst eines Kindes ist dadurch entstanden, dass es den Klagen oder Hasstiraden seiner Eltern ausgesetzt war oder ihr Unglück seelisch auffangen musste.

In diesen Zusammenhang gehört ebenfalls die Unsitte, Kinder für die eigenen Lebenspläne einzusetzen. Manche Eltern haben sich zum Beispiel Kinder „zugelegt", um einen Erben zu haben oder um ihre gesellschaftliche Position zu stärken, andere zögern nicht, das Leben ihres Kindes zu ihrem eigenen Vorteil oder nach ihren Vorstellungen zu verplanen. Es gibt Kinder, die stark genug sind, sich dagegen zu wehren, und die entweder aus freien Stücken das Elternhaus verlassen oder von den Eltern vertrieben werden. Es gibt aber auch jene, die sich dem elterlichen Zwang nicht entziehen können und gehorsam den Weg gehen, den man ihnen bestimmt hat, auf dem sie aber weder ihr Lebensglück noch ihre Selbstverwirklichung finden können.

Sexueller Missbrauch: Schließlich müssen wir auch noch über den sexuellen Missbrauch sprechen, der verbreiteter ist, als man meint. Wir können hier allerdings nur einige wichtige Gesichtspunkte erwähnen. Man muss sich bei dieser Problematik vor Augen halten, dass die menschliche Sexualität aus zwei Komponenten besteht: einer animalisch-naturhaften und einer menschlich-bewussten. So ist sie einerseits eine triebhafte Naturkraft, die sich nach naturgesetzlichen Kriterien umsetzen will und sich nicht nach menschlich-bewussten, moralischen oder sozialen Konditionen und Tabus richtet; und sie bedeutet andererseits die Möglichkeit, intimen seelischen Kontakt zum Mitmenschen aufzunehmen. Aus dem Zusammenspiel dieser beiden Faktoren entsteht menschliche Sexualität, die über die reine Fortpflanzungsfunktion hinausgehend ein sensibles und mystisches Medium zur menschlichen Kommunikation darstellt. Diese hoch entwickelte, unser gesamtes Gefühlsleben beeinflussende Funktion macht unser Geschlechtsleben ausgesprochen anfällig für Störungen und Verletzungen, die weitreichende Folgen für die Psyche haben können.

Gesunde menschliche Sexualität könnte man als ein harmonisches Zusammenwirken von Körper und Seele — also von triebhafter, animalischer Kraft und sensibler, kontaktbereiter Bewusstheit — bezeichnen. Wir können durch sie nicht nur ein wichtiges körperliches Bedürfnis lustvoll befriedigen und einem anderen Menschen nahe kommen, sondern auch ein zeitlich extrem konzentriertes, „außerirdisches" Glück erfahren, indem wir uns fallen lassen und hingeben. Dabei können wir unsere eigene Begrenztheit durchbrechen und in der Vereinigung mit dem anderen Menschen die außerhalb unserer selbst liegende Welt erfahren. In der intimen seelischen Berührung mit der/m Liebespartner/in verstehen wir nicht nur sie/ihn intuitiv, sondern erleben auch uns selbst und das große Mysterium des Lebens, das auf Gegensatz und Vereinigung beruht. Wenn Ihnen dies zu theoretisch oder zu „abgehoben" klingt, sagen wir es einfacher: In einer guten Beziehung zu einem Menschen, dessen Geschlecht das unsere ergänzt und dessen Veranlagung harmonisch zu unserer passt, können wir die allumfassende, körperlich-seelische Liebe erfahren.

Umgekehrt kann man auch sagen, dass jedes Mal, wenn ein sexueller Kontakt stattfindet, in dem die körperliche Vereinigung *nicht* mit einer seelischen (z.B. echter Sympathie) einhergeht, eine tiefe, allerdings oft ignorierte Frustration entsteht. Das ist leider meistens der Fall, denn man muss nicht nur den/die richtige/n Partner/in dazu haben, sondern auch fähig sein, sich auf ihn/sie einzulassen. Die Gründe hierfür sind einerseits eine Erziehung, die dem Kind Sexualangst und -abwehr einpflanzt, und andererseits die vielen verletzenden Erfahrungen, die es mit dem anderen Geschlecht macht und die seine vertrauensvolle Offenheit für den anderen Menschen zerstören.

Die meisten derartigen Schäden werden nicht beachtet, weil das Geschlechtsleben - was für ein „schlechtes" Wort! -, weil also das Liebesleben als so problematisch und unanständig gilt, dass kaum jemand darüber zu reden wagt. So kann die Wunde nicht geheilt werden, sondern wird mit Trostpflastern (den verschiedenen Ersatzbefriedigungen) zugedeckt oder in die Tiefe des Unterbewusstseins verdrängt. Wie auch immer, wirkliche Lebensfreude kommt dabei nicht auf und wer sich gut beobachtet, kennt die Frustrationen, Aggressionen oder Depressionen, die deshalb aufgetreten sind, weil „es" wieder mal nicht geklappt hat. Mit Sicherheit sind viele Katastrophen der Weltgeschichte hierauf zurückzuführen.

Um nun wieder zu unserem Thema, dem Missbrauch, zurückzukommen, müssen wir leider feststellen, dass der sexuelle Missbrauch, der darin besteht, dass Menschen in ihrer Geschlechtlichkeit falsch behandelt und geschädigt werden, äußerst weit verbreitet ist. Er ist in den meisten Ehen Alltag, in denen die körperliche Liebe von der seelischen abgekoppelt und zur Pflicht gemacht wird, wodurch sie eben nur noch „Sex" und *(menschlich* unbefriedigende) Triebbefriedigung darstellt. Eine echte menschliche Beziehung ist dabei unmöglich, weil man einander benutzt, beschmutzt, vergewaltigt, sich unverstanden oder ungeliebt fühlt.

Während erwachsene Menschen noch gewisse Möglichkeiten haben, sich hiergegen zu wehren und nach Heilung zu suchen, ist das Kind dem sexuellen Missbrauch wehrlos ausgeliefert. Dieser kann in inzestuösen Verhältnissen oder in der Anwendung direkter Gewalt bestehen, bei der sich die triebhafte Naturhaft zerstörerisch entlädt, weil sie von der harmonisierenden seelischen Kontrolle abgekoppelt wurde. Da die *menschliche* Sexualität etwas mit der Bewusstheit zu tun hat und da aus dieser wiederum unsere Leiden entstehen (denn wenn wir bewusstlos sind, leiden wir nicht), erzeugen alle sexuellen Erlebnisse, die der seelischen Verfassung des jeweiligen

Menschen zuwiderlaufen, bei ihm Leiden und seelisches Trauma. So hinterlässt jede schlechte sexuelle Erfahrung des Kindes - zum Beispiel in der Pubertät und durch sexualfeindliche Erziehung - ein mehr oder weniger großes Trauma, blockiert die Beziehungsfähigkeit, macht Offenheit und vertrauensvolle Hingabe unmöglich oder reduziert sie zumindest stark.

Besonders verheerend sind aber jene Schäden, die durch direkte, körperliche Gewalt erzeugt werden. Denn das Kind wird dabei zum Triebobjekt degradiert, in seiner menschlichen Würde missachtet, in seiner Schwäche ausgenutzt. Es erlebt den Mitmenschen von seiner negativsten Seite: seine rücksichtslose Gewalt, seine Bedrohlichkeit, seine Feindseligkeit, seine Verachtung, seine Fähigkeit, Schmerz zuzufügen. Die Folge sind meist tief gehende Ängste, Depressionen, Verbitterung und Selbstwertkonflikte und natürlich auch Störungen seiner eigenen Sexualität, die zu einer bei jeder Berührung schmerzenden Wunde werden kann. Ein beglückendes Liebesleben und die Hingabe an eine intime Beziehung wird dadurch sehr behindert, manchmal sogar unmöglich.

Wenn dann noch eine moralisierende oder ablehnende Haltung seitens der Eltern und der Gesellschaft hinzukommt, die über das missbrauchte Kind mit Vorwürfen oder auch Schadenfreude herfallen, wird alles noch schlimmer und schwerer zu lösen, weil das Kind sich zusätzlich zu seinem traumatischen Erlebnis auch noch verstoßen fühlt.

Eine Wunde lässt sich umso schwerer heilen, je tiefer sie geht und je länger sie anhält. Deshalb sollte man sogleich mit der Heilung beginnen. Im Prinzip kann man sich dazu an der körperlichen Wunde orientieren. Wie heilt man diese? Man reinigt sie, falls nötig, stillt eventuelle Schmerzen, verbindet sie, falls angebracht, und lässt sie in Ruhe, damit sie heilen kann; wenn Eiter auftritt, entfernt man diesen und gibt dem kranken Menschen ein Heilmittel, das seinen Organismus in seinem Heilungsbestreben unterstützt.

Auf die seelische Wunde bezogen bedeutet die Reinigung, dass man das Kind alle momentan vorhandenen Emotionen möglichst vollständig aussprechen oder ausdrücken lässt (zum Beispiel durch Weinen, Schreien) und ihm Verständnis signalisiert. Welches Verhalten auch immer das Kind dabei zeigt, man muss es als Heilungsreaktion (ähnlich wie Fieber, Entzündung und Eiter) betrachten. Die Schmerzstillung besteht in Trost, Zuwendung, Verständnis: Man geht ganz auf das Kind ein, ohne neugierige Fragen, irgendwelche Kommentare oder Vorwürfe. Die Wunde zu verbinden heißt sie zu schützen: Man sorgt dafür, dass das Kind so wenig wie möglich daran erinnert wird, hält es also von Menschen und Umständen, die dabei eine Rolle spielten, fern. Ruhe versucht man ihm dadurch zu verschaffen, dass man nicht in das Kind einzudringen versucht, sondern verständnisvoll das entgegennimmt, was es von sich aus mitteilt; denn innerlich sind die Heilungsprozesse in vollem Gang. Geradezu verheerend wäre es, die üblichen sexuellen Moraltabus mit ihren Schmutz- und Sündeassoziationen ins Spiel zu bringen, weil sich das Kind dann nicht nur missbraucht und vergewaltigt, sondern auch beschmutzt und sündig fühlen wird. Auch wäre es sicher nicht richtig, Hass oder Angst zu schüren. Das Kind soll keine generell negative Einstellung zum anderen Geschlecht entwickeln. Es muss ja fähig bleiben, das traumatisierende Erlebnis vom normalen Leben zu trennen. Alles, was sein Vertrauen in die Menschen stärkt, ist gut. Insofern ist es auch „heilsam", den Vorfall nicht hochzuspielen, sondern behutsam zu bagatellisieren und zu entschärfen. Schließlich empfiehlt es sich unbedingt, parallel zu diesen Maßnahmen eine medikamentöse Behandlung *(Bach-Blüten-Therapie* oder *Homöopathie)* durchzuführen.

Zu viel „Liebe": Nicht nur zu wenig Liebe ist schlecht für das Kind, sondern auch zu viel „Liebe" — deshalb hier in Anführungsstrichen geschrieben, weil sie etwas zu sein scheint, was sie in Wirklichkeit gar nicht ist. Diese krank machende „Liebe", die manche Eltern ihren Kindern entgegenbringen, ist nicht primär am Wohl des Kindes orientiert, sondern am eigenen Vorteil. Nach außen scheint es Ausdruck starker Elternliebe und Selbstlosigkeit zu sein, wenn sie ihr Kind mit übertriebener Fürsorge betreuen. Genau betrachtet steckt aber dahinter oft der mehr oder weniger unbewusste Wunsch, Abhängigkeiten aufzubauen und davon zu profitieren. Manche Mütter (seltener auch die Väter) machen ihr Kind durch unentwegte Hilfestellung, ständige Problembeseitigung und dadurch, dass sie immer für es da sind und es vor jeder Belastung bewahren, unselbständig. In ihrer Persönlichkeit unterentwickelt und damit unfähig, das Leben in seiner ganzen Bedeutung zu ertragen und den eigenen Weg zu gehen, führen solche Kinder oft ein farbloses, behütetes Dasein im Schatten ihrer Über-Eltern.

Besonders schädlich wirkt sich aber jene „Liebe" aus, die das Kind daran hindert, eine eigene Liebesbeziehung einzugehen. Die unnatürlich engen Mutter-Sohn- oder Vater-Tochter-Beziehungen haben ja im Prinzip eine erotisch-sexuelle, also inzestuöse Komponente. Wenn auch der Inzest, solange er auf gegenseitiger Liebe beruht, *biologisch gesehen* nicht unbedingt abwegig ist, so kann er doch die seelisch-geistige und psychosexuelle Entwicklung des Kindes sehr beeinträchtigen. Abgesehen vom schweren Tabu, das darauf lastet und psychische Konflikte erzeugt, ist er auch noch schädlich, weil das Kind dadurch unfähig werden kann, einen zu ihm passenden Partner zu finden und ein fruchtbares sexuelles Verhältnis einzugehen

Verhalten bei Krankheit

Organisation

Die Krankheit eines Kindes wirft viele praktische Probleme auf, auf die man vorbereitet sein sollte. Je besser Sie organisiert sind, desto unkomplizierter ist es, die richtigen Maßnahmen zu ergreifen. Erst im Ernstfall zu überlegen, was man tun soll, birgt die Gefahr in sich, dass man aus Panik Fehlentscheidungen trifft oder zumindest nicht optimal handelt.

Notieren Sie an einer für alle Familienangehörigen zugänglichen Stelle folgende Telefonnummern:

- Kinderarzt/ärztin
- dessen/deren Vertreter/in
- Notarzt (evtl. Kinder-Notarzt)
- nächste Giftzentrale
- Kinderklinik
- Organisation, die Krankentransporte durchführt
- Angehörige, Nachbarn, Bekannte oder Freunde, an die Sie sich wegen der Versorgung der restlichen Familie wenden können, wenn Sie notfallmäßig mit Ihrem Kind in die Klinik müssen.

Halten Sie, wenn Ihr Kind Allergiker ist, immer eine Notfallmedikation bereit. Auch eine *Anweisung für erste Hilfe* (die Sie aus einem Buch kopieren könnten) sollte griffbereit liegen.

Ihre *Hausapotheke* sollte immer einsatzbereit sein - besorgen Sie Ersatz, wenn ein Medikament zu Ende gegangen ist, auch wenn Sie es momentan nicht brauchen.

Ein Fläschchen Notfallmittel (nach Dr. Bach) sollte an einem zentralen Platz griffbereit liegen.

Es hat sich bewährt, sich bei Epidemien über die typischen Krankheitssymptome zu informieren, um gegebenenfalls die Diagnose sogleich stellen zu können. Wenn die Symptome zwar nicht ganz typisch, aber doch irgendwie ähnlich sind, ist es richtig, davon auszugehen, dass es sich um die betreffende Krankheit handelt, denn die persönliche Abwehrkraft Ihres Kindes kann die Krankheitszeichen verändern. In diesem Fall können Sie eventuell gleich die entsprechende homöopathische Therapie einleiten. Oft kann man auf diese Weise die Krankheit schon im Vorfeld abfangen.

Therapeutische Maßnahmen, die Sie selbst durchführen können, finden Sie im Kapitel „Therapie".

Wenn Ihr Kind krank wird

Es gibt niemanden, der das Kind so gut kennt wie seine Mutter, deshalb wird sie auch meist sehr früh bemerken, ob sich eine Krankheit anbahnt. Normalerweise ist ein gesundes Kind rosig und munter, ist gut gelaunt, schläft gut, isst gut. Wenn sich *sein Verhalten ändert,* wenn es unruhig, quengelig oder müde wird, dann ist das ein Zeichen für eine Störung, die sich verstärken und in eine richtige Krankheit übergehen kann.

Bei allen Störungen des Befindens empfiehlt es sich, morgens und abends die Temperatur zu messen, die Sie dann bei Bedarf dem Arzt mitteilen können.

Das wichtigste Kriterium bei jeder Krankheit ist der allgemeine Zustand des Kindes. Wenn es zum Beispiel trotz Fieber munter und gut gelaunt ist, können Sie davon ausgehen, dass die Situation momentan nicht gefährlich ist. Bei beginnenden Krankheiten werden Sie normalerweise selbst eine Behandlung einleiten. Wie weit Sie damit gehen können, hängt von Ihrer Erfahrung ab. Wenn Sie im Zweifel sind, wenden Sie sich lieber an Ihren Arzt — wenn er Ihr Kind und Sie kennt, kann er entscheiden, ob er eingreifen muss oder nicht.

Muss eine ärztliche Behandlung eingeleitet werden, so lassen Sie unangenehme Untersuchungen (zum Beispiel Blutentnahme) nur vornehmen, wenn sie wirklich nötig sind. Ihr Arzt hat die Pflicht, Sie über alles zu informieren, was er mit Ihrem Kind unternimmt. Wenn Sie ein Vertrauensverhältnis zu Ihrem Arzt (oder Ihrer Ärztin) haben, ist dies kein Problem.

Arztpflicht

Bedenken Sie bitte, dass ein Buch wie dieses nur allgemeine Vorschläge und Tipps geben, Ihnen aber nicht die Verantwortung im Einzelfall abnehmen kann. So liegt die Entscheidung darüber, was Sie selbst behandeln können, bei Ihnen. Mit der Zeit wird Ihre Erfahrung zunehmen. Während Sie anfangs vielleicht noch unsicher sind, werden Sie mit der Zeit immer mehr Krankheiten und Störungen selbst behandeln können, da Sie aus den bisherigen Erfolgen lernen und den angegebenen Medikamenten zu vertrauen lernen. Sie werden relativ schnell ein Gefühl dafür bekommen, ob etwas Ernsthaftes hinter der Reaktion Ihres Kindes steckt. Manche Kinder reagieren immer schnell mit hohem Fieber, das nach kurzer Zeit vorübergeht, und andere mit lange anhaltenden mittleren Temperaturen. Das werden Sie bald richtig beurteilen können.

Folgende Angaben sind wichtig, wenn Sie ärztliche Hilfe suchen:

- Wann und wie hat die Krankheit begonnen? Schnell, langsam?
- Gibt es einen bestimmten Grund dafür?
- Welche Krankheitszeichen - möglichst komplett - sind zu beobachten?
- Wie haben Sie bisher behandelt?

Bei den im Folgenden aufgeführten Krankheitserscheinungen sollten Sie schnell einen Arzt hinzuziehen. Wenn er Ihr Kind gut kennt, können Sie mit ihm besprechen, wie Sie sich verhalten sollen oder ob ein Hausbesuch erforderlich ist. Zögern Sie nicht, den Notarzt zu rufen oder Ihr Kind gleich in die Klinik zu bringen, wenn Ihnen die Lage gefährlich erscheint und Sie keinen Kinderarzt erreichen können. Besonders *Säuglinge,* deren Reaktionen nicht immer eindeutig sind, können schnell in die Gefahrenzone kommen - zum Beispiel durch Erbrechen oder Durchfall.

Allgemein:
- wenn Ihnen der Zustand Ihres Kindes - vielleicht nur instinktiv - gefährlich erscheint (lieber zweimal zu viel als einmal zu wenig),
- wenn Sie sich über den Charakter der Krankheit *nicht sicher* sind,
- wenn sich trotz Ihrer Behandlung eine Verschlechterung einstellt oder
- wenn Ihre Behandlung in angemessener Zeit keine Besserung erzielt.

Fieber:
- beim Säugling über 38,5 °C, sonst über 39,0 °C,
- mit Krampfanfällen oder wenn dabei schon einmal solche aufgetreten sind,
- Fieber mit starkem Husten,
- Fieber mit Erbrechen und/oder Durchfall,
- Fieber mit deutlichen Bauchschmerzen,
- Fieber mit Nackensteife, Kopfschmerzen, Benommenheit,
- tagelanges Fieber,
- häufig auftretendes Fieber.

Erbrechen, Durchfall, evtl. Bauchschmerzen:
- beim Säugling bei Dauer über 6 Stunden,
- beim Kindergarten- u. Schulkind bei Dauer über 12 Stunden,
- Erbrechen und/oder Durchfall mit Fieber und Bauchschmerzen,
- Erbrechen mit Kopfschmerzen, Schwindel oder Bauchschmerzen,
- Erbrechen nach Unfall mit Schädelprellung,
- Bauchschmerzen nach Schlag, Sturz oder Prellung.

Husten:
- Husten mit Fieber und deutlichem Kranksein,
- plötzlicher Husten, nicht nachlassend, ohne Erkältung (Fremdkörper?),
- Husten mit Atemnot, vor allem nachts.

Bewusstlosigkeit, auch kurz dauernd.

Klinikbehandlung

Falls Ihr Kind in einer Klinik behandelt werden muss, sollten Sie bei ihm (in einem Mutter-und-Kind-Zimmer) bleiben und so viel Kontakt wie möglich und von ihm erwünscht halten. Wenn Sie hartnäckig bleiben, ist manche Ausnahme von der unpersönlichen Klinikroutine möglich. Noch besser wäre es aber, wenn Ihr Kind zu Hause bleiben könnte. Die allermeisten Krankheiten können bei guter Zusammenarbeit von Kinderarzt und Mutter zu Hause behandelt werden. Die Klinikatmosphäre, unangenehme Untersuchungen und fremde Menschen können als zusätzliche Krankheitsfaktoren wirken. Es ist eine alte Erfahrung, dass man dort am schnellsten gesund wird, wo man sich wohl fühlt.

Eine Diagnose stellen

Natürlich werden Sie versuchen, eine Diagnose zu stellen, um eventuell selbst eine Behandlung durchführen zu können oder Ihrem Arzt Informationen geben zu können. Nennen Sie ihm aber nicht Ihre fertige Diagnose, wenn Sie ihn konsultieren, sondern immer nur die Symptome, damit er sich sein eigenes Bild machen kann. Es ist manchmal auch für Ärzte verlockend, eine fertige Diagnose zu übernehmen, ohne sie zu überprüfen; daraus können sich aber schwer wiegende Therapiefehler ergeben. Eventuell könnten Sie am Ende Ihres Berichtes Ihre diagnostische Vermutung aussprechen.

Um zur Diagnose zu kommen, können Sie sich im (nachfolgenden) Kapitel *Diagnose anhand allgemeiner Krankheitszeichen* orientieren.

Diagnose anhand allgemeiner Krankheitszeichen

Ausschlag

- Ausschlag mit kleinen rosa Flecken, der sich vom Gesicht auf den Körper ausbreitet, Drüsenschwellungen im Nackenbereich, leichtes Fieber ➔ wahrscheinlich **Röteln**.
- Rotbrauner, fleckförmiger Ausschlag, der sich vom Ohr auf den Körper ausbreitet; begleitet von Fieber, Husten, Schnupfen, Bindehautentzündung, evtl. Gliederschmerzen ➔ wahrscheinlich **Masern**
- Ausschlag aus stecknadelkopfgroßen, dicht nebeneinander stehenden, roten Flecken, der sich von der Leisten- und Achselgegend über Rumpf und Kopf ausbreitet und ein blasses Dreieck in der Umgebung des Mundes frei lässt. Dazu Mandelentzündung, Schüttelfrost, Kopfschmerzen und hohes Fieber. Zunge rot mit himbeerartigem Aussehen ➔ wahrscheinlich **Scharlach**
- Plötzlich hohes, 3 Tage anhaltendes Fieber mit Unruhe, Kopf- und Bauchschmerzen, auf das ein Ausschlag aus rosa Flecken zunächst am Körper, später an Armen und Beinen folgt, der 1-3 Tage anhält ➔ wahrscheinlich **3-Dreitagefieber**
- Rötlicher Ausschlag auf Nase und Wangen, schmetterlingsförmig, sich nach 1 Tag auf die Streckseiten von Armen und Beinen ausbreitend, ring- und girlandenförmig, immer wieder abklingend und neu auftretend, Dauer 1-7 Wochen, nur geringe Temperaturerhöhung ➔ wahrscheinlich **Ringelröteln**
- Juckende Bläschen an den Lippen, die sich nässend öffnen und danach krustig verheilen ➔ wahrscheinlich **Herpes**
- Kleine, oft stark juckende wässrige Bläschen, die eitrig werden und nach Platzen verschorfen, schubweise 2-3 Tage lang am ganzen Körper (evtl. auch in Mund, After und Vagina) auftretend, evtl. mit Kopfschmerzen und Fieber ➔ wahrscheinlich

Windpocken
- Juckende, rötliche oder weiße, plötzlich auftretende Quaddeln an unterschiedlichen Hautstellen ➔ wahrscheinlich **Nesselsucht**
- Rote, schuppige Flecken, teils kleine Bläschen, die nässende und mit Krusten bedeckte Hautbereiche hinterlassen. Starker Juckreiz, der das Kind zu dauerndem Kratzen zwingt ➔ wahrscheinlich **Ekzem/Neurodermitis**
- Gelbe, dicke, nichtjuckende Schuppen oder Schorf auf dem behaarten Kopf des 1-2 Monate alten Säuglings, manchmal auch am Körper ➔ wahrscheinlich **Gneis**
- Rote, wunde Hautstellen im Windelbereich ➔ wahrscheinlich **Windelausschlag**
- Stark juckende, gerötete Hautstellen ➔ wahrscheinlich **Flöhe, Läuse, Wanzen**

Bewusstseinsstörung, Bewusstlosigkeit

- Bewusstseinsverlust durch Unfall ➔ sofort Notarzt / Klinik!
- Plötzliche Bewusstlosigkeit bei Infekt mit schnell ansteigendem Fieber, starre oder schlaffe Körperhaltung, rhythmische Zuckungen an Armen und Beinen, Speichelfluss, danach Schlaf ➔ wahrscheinlich **Fieberkrampf**
- Bewusstlosigkeit nach Kopfprellung, evtl. nur sekundenlang, evtl. Erbrechen ➔ wahrscheinlich **Gehirnerschütterung**
- Bewusstseinstrübung bei hohem Fieber, Kopfschmerzen und Nackensteife ➔ wahrscheinlich **Hirnhautentzündung / Gehirnentzündung.**

Durchfall

- Plötzlicher, vorübergehender Durchfall bei psychischer Überforderung, ohne sonstige Krankheitszeichen ➔ wahrscheinlich

Nervosität
- Durchfall (hellgelb bis grün, stinkend), Erbrechen, Fieber, evtl. Bauchschmerzen ➔ wahrscheinlich **Brechdurchfall**
- Durchfall (evtl. blutig-schleimig), Erbrechen, Fieber, evtl. Bauchschmerzen ➔ wahrscheinlich **Salmonelleninfektion**, ➔ wahrscheinlich **Ruhr, Typhus**
- Durchfall (plötzlich auftretend), Fieber, Bauchschmerzen durch verdorbene Nahrungsmittel ➔ wahrscheinlich **Lebensmittelvergiftung**
- Durchfall, Fieber, Übelkeit, evtl. Erbrechen, Bauchschmerzen, besonders im rechten Unterbauch oder in der Nabelgegend ➔ wahrscheinlich **Blinddarmentzündung**
- Durchfall, Übelkeit, evtl. kurzes Erbrechen und Durchfall, kein Fieber ➔ wahrscheinlich **verdorbener Magen**
- Durchfall, Ohrenschmerzen, Fieber ➔ wahrscheinlich **Mittelohrentzündung**
- Durchfall (viel fauliger, fetter Stuhl), Husten, Atemnot, aufgetriebener Bauch, Gedeihstörung ➔ wahrscheinlich **Mukoviszidose**
- Durchfall (saurer, fettiger, übel riechender ungeformter Stuhl), allgemeine Schmerzen im Bauchraum, Appetitmangel, Übellaunigkeit, ungenügende Gewichtszunahme, stark geblähter Bauch, magere Gliedmaßen ➔ wahrscheinlich **Zöliakie**.

Erbrechen

- Erbrechen bei einem unruhigen Kind, sonst keine Krankheitszeichen vorhanden -➔ wahrscheinlich **Nervosität**
- Erbrechen in einem Fahrzeug, Schiff oder Flugzeug ➔ wahrscheinlich **Reisekrankheit / Seekrankheit**
- Erbrechen (mit unverdauten Nahrungsbestandteilen) durch Überforderung des Magens ➔ wahrscheinlich **verdorbener Magen**
- Heftiges Erbrechen (junger Säugling - bis 10 Wochen) während

oder kurz nach jeder Mahlzeit, wenig Stuhl, Abmagerung ➔ wahrscheinlich **Magenpförtnerkrampf**
- **Erbrechen** mit Fieber und Durchfall, evtl. Bauchschmerzen ➔ wahrscheinlich Brechdurchfall, ➔ wahrscheinlich **Lebensmittel-vergiftung**
- Erbrechen mit Bauchschmerzen (vor allem Nabel oder rechts unten), Durchfall, Fieber ➔ wahrscheinlich **Blinddarmentzündung**
- **Erbrechen mit starken** Bauchschmerzen (Bauch evtl. bretthart) und blutigem, schleimigem Stuhl ➔ wahrscheinlich **Darmverschlingung / Darmverschluss**
- Erbrechen mit vorangehendem Fieber, Kopfschmerzen, Benommenheit, Lichtscheu und Nackensteife, evtl. Krämpfe ➔ wahrscheinlich **Hirnhautentzündung**
- **Erbrechen** von glasigem Schleim mit Hustenanfällen ➔ wahrscheinlich **Keuchhusten**
- Erbrechen mit einseitigem Kopfschmerz, evtl. mit Schwindel und/oder Sehstörungen ➔ wahrscheinlich **Migräne**

Fieber

- Plötzlich hohes, 3 Tage anhaltendes Fieber, auf das ein Ausschlag aus rosa Flecken zunächst am Körper, später an Armen und Beinen folgt ➔ wahrscheinlich **Dreitagefieber**
- Fieber, evtl. Schüttelfrost, Halsschmerzen, Schnupfen, Husten, evtl. Durchfall, Erbrechen, Bauchschmerzen, Gliederschmerzen ➔ wahrscheinlich **Grippe**
- Fieber mit Halsschmerzen ➔ wahrscheinlich **Mandelentzündung** oder **Diphtherie**
- Fieber mit Kopfschmerzen, Schnupfen ➔ wahrscheinlich **Nebenhöhlenentzündung**
- Fieber mit Ohrenschmerzen ➔ wahrscheinlich **Mittelohrentzündung**
- Fieber mit häufigem Wasserlassen und Schmerz dabei, evtl.

- Flankenschmerz ➔ wahrscheinlich **Harnwegsinfekt**
- Fieber mit Schwellung an einer oder beiden Backen ➔ wahrscheinlich **Mumps**
- Fieber mit Durchfall und Erbrechen ➔ wahrscheinlich **Brechdurchfall**
- Fieber mit Erbrechen, Bauchschmerzen (vor allem rechts unten oder Nabel), Durchfall oder Verstopfung ➔ wahrscheinlich **Blinddarmentzündung**
- Fieber mit Husten ➔ wahrscheinlich **Bronchitis**
- Fieber mit Husten und Atembeschwerden ➔ wahrscheinlich **Lungenentzündung**
- Fieber mit Kopfschmerzen, Nackensteife und evtl. Lichtscheu ➔ wahrscheinlich **Hirnhautentzündung, Gehirnentzündung**
- Fieber mit Brechdurchfall und Verwirrtheit ➔ wahrscheinlich **Typhus**
- Hohes Fieber, grippeähnliche Symptome, allgemeine Muskelschwäche und zunehmende Lähmungen an den Beinen, Armen oder im Brustbereich ➔ wahrscheinlich **Kinderlähmung**
- Fieber mit juckendem, rotem Ausschlag an Bauch und Rücken ➔ wahrscheinlich **Windpocken**
- Hohes, evtl. tagelanges Fieber, Augenentzündung, Husten, weiße Flecken im Mund, roter Ausschlag ➔ wahrscheinlich **Masern**
- Fieber mit Halsschmerzen, evtl. Bauchschmerzen, roter Ausschlag ➔ wahrscheinlich **Scharlach**
- Fieber mit rotem Ausschlag, geschwollenen Halslymphdrüsen ➔ wahrscheinlich **Röteln**
- Fieber mit Bauchschmerzen, hellem Stuhl, dunklem Urin, Übelkeit ➔ wahrscheinlich **Leberentzündung**

Husten

- Häufiger Husten mit Auswurf ➔ wahrscheinlich **Bronchitis**
  - Häufiger Husten mit Auswurf über längere Zeit ➔ wahrschein-

lich **chronische Bronchitis**
- Krampfhafter Husten ➔ wahrscheinlich **spastische Bronchitis**
- Husten, Fieber, Atembeschwerden, evtl. Bauchschmerzen ➔ wahrscheinlich **Lungenentzündung**
- Husten mit anfallartiger Atemnot, Pfeifgeräusch beim Ausatmen ➔ wahrscheinlich **Asthma**
- Bellender Husten aus dem Schlaf, Heiserkeit, deutliche Atemnot, Unruhe, Einziehung der Haut über den Schlüsselbeinen, Blauverfärbung des Gesichts; evtl. Bewusstlosigkeit ➔ wahrscheinlich **Pseudokrupp**
- Krampfartige Hustenstöße (häufig mit herausgestreckter Zunge), gefolgt von keuchender, hörbar ziehender Einatmung, oft mit bläulicher Verfärbung des Gesichts, und anschließendem Auswürgen oder Erbrechen von zähem, glasigem Schleim, vor allem nachts ➔ wahrscheinlich **Keuchhusten**
- **Husten,** evtl. mit eitrigem Auswurf, Atemnot, häufiger Durchfall ➔ wahrscheinlich **Mukoviszidose**
- Husten, Fieber, Augenentzündung, Ausschlag ➔ wahrscheinlich **Masern**
- **Husten** mit Atemnot ohne Fieber oder sonstige Krankheit ➔ wahrscheinlich **Fremdkörper in Lunge**

Krampfanfälle

- Plötzliche Krämpfe bei schnell gestiegenem Fieber, **evtl.** Bewusstlosigkeit oder Aufschreien ➔ wahrscheinlich **Fieber-krämpfe**
- Krämpfe mit Zuckungen von Armen und Beinen bei plötzlicher Bewusstlosigkeit, evtl. Schaum auf den Lippen, evtl. unkontrollierter Urin-und/oder Stuhlabgang ➔ wahrscheinlich **Epilepsie**
- Krämpfe bei hohem Fieber, Kopfschmerzen, Berührungs- und Lichtempfindlichkeit. Unruhe, Bewusstseinstrübung, weit nach hinten gebogener Kopf (Genickstarre); bei Säuglingen: deutliche, pralle Vorwölbung der Fontanelle ➔ wahrscheinlich **Hirnhautentzündung**

Schmerzen im Bereich von Kopf und Gesicht

- Schmerz allgemein, unterschiedliche Qualität. Kein Fieber, keine schwere Krankheit ➔ wahrscheinlich **Kopfschmerzen**
- Kopf und Gesicht, einseitig: Schmerz stark. Evtl. Erbrechen oder Sehstörungen ➔ wahrscheinlich **Migräne**
- Überall innen im Kopf: Schmerz sehr stark. Hohes Fieber, schwere Krankheit, Genickstarre, Benommenheit oder Bewusstlosigkeit ➔ wahrscheinlich **Hirnhautentzündung, Gehirnentzündung**
- bis stark, dumpf, ziehend. Meist in Verbindung mit Erkältung ➔ wahrscheinlich **(Nasen-) Nebenhöhlenentzündung**
- Kopfhaut oder Gesicht: Schmerz brennend, stechend oder ziehend. Mit oder ohne Infektionskrankheit ➔ wahrscheinlich **Neuralgie**
- Ohr-Wangen-Bereich beidseits: evtl. Schmerz beim Schlucken. Schwellung vor den Ohren ➔ wahrscheinlich **Mumps**
- Gesicht, Kiefer-Wangen-Bereich: Schmerz dumpf, ziehend oder brennend ➔ wahrscheinlich **Zahn- oder Kieferentzündung**
- Schmerzen, Tränen der Augen oder/und Absonderung von Schleim und Eiter, Rötung und Schwellung der das Auge umgebenden Schleimhaut, oft mit dem Gefühl verbunden, als befinde sich Sand unter den Lidern ➔ wahrscheinlich **Bindehautentzündung**
- Schmerzhafte, gerötete Vorwölbung (streichholzkopf-, erbsengroß) am Lidrand > **Gerstenkorn**
- Schmerzen im vorderen Augenbereich **Hornhautentzündung**
- Stirnbereich: Schmerz dumpf, drückend, vor allem beim Lesen und Sehen ➔ wahrscheinlich **Kurzsichtigkeit,** oder **Nasen-Neben-höhlen Entzündung**
- Ohr, Gehörgang: Schmerz ziehend, verstärkt bei Berührung, z.B. mit Wattestäbchen, insgesamt zunehmend ➔ wahrscheinlich **Gehörgangsentzündung**
- Ohr, vor allem in der Tiefe: Schmerz mittel bis stark, ziehend, stechend. Meist Fieber und allgemeines Krankheitsgefühl. Evtl.

Schwellung hinter dem Ohr ➔ wahrscheinlich **Mittelohrentzündung**
- Ohr/en innen: Schmerz stechend, schießend, durch Schlucken ausgelöst: Begleiterscheinung von ➔ wahrscheinlich **Mandelentzündung.**

Schmerzen im Bereich von Mund und Hals

- Halsschmerzen, Fieber, Mundgeruch. Mandeln gerötet, deutlich geschwollen und evtl. mit Eiterstippchen oder schmutzig-grauen Belägen bedeckt ➔ wahrscheinlich **Mandelentzündung**
- Halsschmerzen, Fieber, starke Rötung der Mandeln, Himbeerzunge, typischer roter Ausschlag ➔ wahrscheinlich **Scharlach**
- Halsschmerzen, weiße, membranenartige oder graue geschwürige Beläge auf den Mandeln, eigenartiger, süßlicher Mundgeruch ➔ wahrscheinlich **Diphtherie**
- Halsschmerzen, geschwüriger Belag oder Eiterstippchen auf den Mandeln, Lymphknotenschwellungen am ganzen Körper ➔ wahrscheinlich **Pfeiffersches Drüsenfieber**
- Schmerz im Kieferbereich, evtl. Zahnfleisch- oder Wangenschwellung ➔ wahrscheinlich **Zahnschmerzen**

Schmerzen im Bereich des Brustkorbs

- Links, in der Tiefe, vorübergehendes Ziehen oder Stechen, das bei körperlicher Anstrengung verschwindet ➔ wahrscheinlich **funktionelle Herzbeschwerden**
- Stechender oder ziehender Schmerz links oder rechts im Rippenbereich, vorn oder hinten, bei bestimmten Bewegungen; im übrigen Wohlbefinden ➔ wahrscheinlich **Intercostalneuralgie**

- Schmerzen links oder rechts im Rippenbereich, vorn oder hinten, bei jedem Atemzug, wenn gleichzeitig Atembeschwerden und/oder Fieber bestehen oder bestanden ➔ wahrscheinlich **Rippenfellentzündung**
  - Schmerzen beim Atmen, oberflächliches und mühsames Atmen (evtl. stöhnend, rasselnd oder gurgelnd), Fieber, Husten ➔ wahrscheinlich **Lungenentzündung**

Schmerzen im Bereich des Bauchs

- Plötzliche Krämpfe im Nabelbereich ohne sonstige Krankheitserscheinungen ➔ wahrscheinlich **Nabelkoliken**
- Schmerzen im Oberbauch und Sodbrennen mit Appetitlosigkeit ➔ wahrscheinlich **Magenschleimhautentzündung**
- Starke Schmerzen im Oberbauch mit Appetitlosigkeit und evtl. Sodbrennen, evtl. 2-3 Stunden nach Essen ➔ wahrscheinlich **Magengeschwür / Zwölffingerdarmgeschwür**
- Schmerzen mit Erbrechen und häufigen Entleerungen von wässrigem Stuhl, Fieber ➔ wahrscheinlich **Brechdurchfall** oder **Salmonellen, Ruhr, Typhus / Paratyphus**
- Bauchschmerzen mit seltener Darmentleerung, Stuhl hart ➔ wahrscheinlich **Verstopfung**
- Schmerzen im ganzen Bauch (besonders rechts unten oder Nabelgegend), Fieber, Appetitlosigkeit, evtl. Erbrechen ➔ wahrscheinlich **Blinddarmentzündung**
- Bauchschmerzen, schrilles Schreien, Erbrechen, Verstopfung, evtl. blutiger Stuhl ➔ wahrscheinlich **Darmverschluss, Darmverschlingung**
- Schmerzen in der Leistengegend mit bläulicher Vorwölbung, evtl. Erbrechen ➔ wahrscheinlich **eingeklemmter Leistenbruch**
- Plötzliche auftretende Schmerzen mit Fieber und Atembeschwerden ➔ wahrscheinlich **Lungenentzündung**
- Schmerzen bei Stuhlgang evtl. mit etwas Blut auf dem Stuhl ohne sonstige Krankheitszeichen ➔ wahrscheinlich **Afterfissur**

- Allgemeine Schmerzen im Bauchraum, Appetitmangel, Übellaunigkeit, saure, fettige, übel riechende Durchfälle, ungenügende Gewichtszunahme, stark geblähter Bauch, magere Gliedmaßen ➔ wahrscheinlich **Zoeliakie**
- Schmerzen im Oberbauch, evtl. Ausstrahlung in den Rücken hinten links, mit Schwellung vor den Ohren ➔ wahrscheinlich **Mumps**
- Allgemeine oder dumpfe Schmerzen im rechten Oberbauch mit Gelbsucht, Appetitlosigkeit, grippeähnliche Symptome, Übellaunigkeit ➔ wahrscheinlich **Leberentzündung, Hepatitis**
- Schmerzen oberhalb des Schambeins mit viel Harndrang, evtl. Erbrechen ➔ wahrscheinlich **Harnwegsinfekt**
- Schmerzen, dumpf oder krampfhaft, in Verbindung mit der Menstruation ➔ wahrscheinlich **Menstruationsbeschwerden**
- Bauchschmerzen, evtl. mit Erbrechen und Durchfall, ohne sonstigen eindeutigen Krankheitsbefund, oft nach dem Essen ➔ wahrscheinlich **Nahrungsmittelallergie**
- Bauchschmerzen, Appetitlosigkeit, Jucken am After ➔ wahrscheinlich **Würmer**

Schmerzen im Bereich des Rückens

- Dumpfer oder ziehender Schmerz unterhalb der Rippen, evtl. häufiger Harndrang ➔ wahrscheinlich **Harnwegsinfekt** oder **Nierenentzündung**
- Schmerzen mit schlechter Haltung oder seitlich verzogenem bzw. nach vorn gekrümmtem Rücken ➔ wahrscheinlich **Wirbelsäulen-verkrümmung**
- Stechende Schmerzen im Rippenbereich bei jedem Atemzug ➔ wahrscheinlich **Rippenfellentzündung** (wenn gleichzeitig Husten und Fieber) oder **Intercostalneuralgie**

Schmerzen im Bereich der Haut

- Schmerz bei Berührung, evtl. pochend im Bereich von Schwellung ➔ wahrscheinlich **Furunkel**
- Schmerz in der Haut, ziehend, stechend, evtl. bei Berührung stärker ➔ wahrscheinlich **Neuralgie**

Schwindel, Benommenheit

- Schwindel oder Benommenheit nach Sonneneinwirkung, evtl. mit Übelkeit, Kopfschmerz, Blässe ➔ wahrscheinlich **Sonnenstich**
- Schwindel oder Übelkeit durch Einwirkung von Abgasen, Chemikalien, chemischen Lösungsmitteln, Farben o. Ä. ➔ wahrscheinlich **Vergiftung**
- Schwindel, Benommenheit oder Unsicherheit ohne sonstige krankhafte Erscheinungen ➔ wahrscheinlich **Kreislaufschwäche**
- Schwindel, Unsicherheit bei einem blassen, schwächlichen Kind ➔ wahrscheinlich **Anämie**

Schwitzen

- Schwitzen (vor allem nachts), Abgeschlagenheit, Müdigkeit, Appetitlosigkeit, Gewichtsverlust, evtl. hartnäckiger, trockener Husten ➔ wahrscheinlich **Tuberkulose**
- Schwitzen (vor allem am Hinterkopf) bei Säuglingen ➔ wahrscheinlich **Rachitis** (Vitamin D-Mangel)
- Tagelanges Schwitzen nach Infektionskrankheiten ➔ wahrscheinlich **Nierenschwäche**
- Evtl. Begleiterscheinung eines Heilungsprozesses (nächtliches Schwitzen) ➔ oft bei **Krebs.**

Weitere Bücher von Dr. Götz Blome

Das neue Bach-Blüten-Buch

Heile dein Kind mit Bach-Blüten

Verstehst du dein Kind?

Wirf ab, was dich krank macht

Regenaplex Handbuch

Anspruchsvolle Bach-Blüten-Therapie

Ein glücklicher Mensch

Der Götterberg

Die Grille und die Ameise

Lebenswerte

www.dr-blome.de

www.floro-verlag.de